W0311105

NELSON MONFORT

MÉMOIRES OLYMPIQUES

Avec la collaboration de Coline Bérard et Stéphane Catteau

Michel LAFON

118, avenue Achille-Peretti – CS 70024
92521 Neuilly-sur-Seine Cedex
www.michel-lafon.com

« Ils ne savaient pas que c'était impossible,
alors ils l'ont fait. »

Mark Twain

Avant-propos

Une matinée de février 1992 à Albertville, le timide débutant que j'étais fut « expédié » du côté de La Plagne pour commenter du bobsleigh et de la luge, ainsi qu'à Pralognan-la-Vanoise pour le ô combien passionnant curling. Depuis, chaque jour, je songe à la chance qui m'a été offerte de suivre la plus grande des manifestations sportives.

Aux huit Jeux d'été auxquels j'ai assisté depuis cette année-là, il faut en ajouter huit autres « d'hiver », ce qui nous amène à quelque seize éditions commentées au total ! Ma modeste personne figure-t-elle parmi les recordmen de France en la matière ? Moi, dont le seul « record » jusqu'à présent était le nombre de balles perdues dans les diaboliques étangs des parcours de golf !

Bienvenue donc dans mes *Mémoires olympiques*. Nous autres, journalistes, avons coutume de dire que les événements que nous n'avons pas vécus gravent des souvenirs plus intenses que ceux que nous approchons de près. En effet, mon intérêt pour les joutes olympiques ne s'est bien entendu pas éveillé en 1992 ! C'est pourquoi je souhaite plonger avec délices dans l'atmosphère des premiers Jeux modernes d'Athènes en 1896, avant de vous entraîner dans une promenade à travers le temps jusqu'aux Jeux de Tokyo, cent vingt-cinq ans plus tard. Quel incroyable changement d'époque ! Deux guerres mondiales, des crises économiques, militaires et sanitaires sans précédent, rien n'a pu arrêter l'irrésistible marche des Jeux olympiques et de ses héros.

Au fil de ces pages, vous découvrirez ou redécouvrirez les résultats et les coulisses, le « *backstage* » de cette folle aventure, mais aussi de formidables histoires d'honnêteté, de fraternisation, des récits de résilience ou d'espoirs déçus. *Citius, altius, fortius* : plus vite, plus haut, plus fort ; telle est la devise olympique que nous connaissons depuis toujours.

– 1 –

Barcelone 1992, mes premiers Jeux, l'accomplissement d'un rêve…

Barcelone, été 1992. Sous le ciel étoilé de la Catalogne, dans le stade olympique du parc de Montjuïc, l'assemblée frissonne. La cérémonie qui ouvre ces Jeux olympiques promet d'être grandiose. Elle le sera d'autant plus pour moi qui m'apprête à vivre mes premiers Jeux en tant que journaliste pour France Télévisions. Soudain, Freddie Mercury surgit sur l'écran géant. L'emblématique chanteur de Queen est accompagné par Montserrat Caballé, la célèbre cantatrice catalane. Main dans la main, le duo se lance dans l'interprétation de la chanson officielle de ces Jeux, *Barcelona.* Comment un absent – emporté par le sida huit mois plus tôt – peut-il avoir l'air aussi présent ? Magie des Jeux, moment de grâce. Sa voix se mêle à celle de la cantatrice, sublime. Je ne pouvais rêver plus belle émotion pour cette première cérémonie car, je l'avoue, j'ai toujours eu énormément d'admiration pour Freddie Mercury. Ce chanteur fantasque et génial a produit, avec Queen, parmi les plus belles chansons d'amour que je connaisse. Quelle émotion quand il arrive à l'écran et se met au piano !

Puis dans une obscurité quasi totale, un archer décoche une flèche enflammée avec une précision diabolique. La flèche de lumière fend le ciel sombre jusqu'à la vasque qui s'embrase aussitôt. Quel incroyable allumage ! Ce soir, la cérémonie d'ouverture est simplement phénoménale. De mon siège, j'aperçois au loin le roi, dans la loge présidentielle. Juan Carlos s'apprête à prendre la parole. Murmure de la foule, puis le silence s'installe. Le roi, visiblement ému, prononce l'ouverture des Jeux. Son fils, Philippe de Bourbon, est inscrit dans les épreuves de voile. Est-ce la présence de cet étonnant porte-drapeau qui rend le souverain fébrile ? Est-ce la joie d'accueillir pour la première fois les Jeux olympiques sur le sol espagnol ? Il faut reconnaître que la belle Barcelone a dû patienter pour obtenir sa fête… La cité catalane devait accueillir les Jeux en 1924, jusqu'à un revirement de dernière minute : le Comité international olympique (CIO) attribue finalement leur organisation à Paris. Nous voilà donc soixante-huit ans plus tard, avec près de 10 000 compétiteurs représentant 169 nations. Un record de participation ! C'est également la première édition depuis très longtemps sans que des boycotts olympiques pèsent sur la présence de certains athlètes. De son côté, Barcelone a entamé sa renaissance à la mort de Franco en 1975, et la ville est aujourd'hui métamorphosée. La cité qui tournait le dos à la Méditerranée s'est ouverte sur la mer. De nouvelles infrastructures, une nouvelle configuration urbaine : la ville moyenne, industrielle et grise est devenue une grande métropole européenne. Je ne me souviens pas d'une telle unanimité des membres du Comité concernant le choix d'une ville ! L'influence du président du CIO y a sans doute été pour beaucoup : Juan Antonio Samaranch était catalan. Toujours est-il que lorsque, sept ans auparavant, la ville est choisie pour accueillir les JO, aucune critique sérieuse ne s'élève, ni parmi les 2 millions d'habitants, ni dans les médias. Tout le pays semble se réjouir de l'organisation des Jeux sur son sol. Et comme chacun le sait, le succès d'olympiades réside dans la cordialité et la fougue du pays d'accueil ; or le public catalan se montre formidable sur ces deux terrains.

En revanche, c'est à cette occasion que je découvre certaines zones d'ombre qui accompagnent les JO, à savoir la petite délinquance. Déjà à l'époque, Barcelone était quasiment la capitale mondiale des pickpockets. Pendant les Jeux, leurs activités sont florissantes ! Aucun endroit n'est épargné, ni les Ramblas, ces belles allées piétonnes où les promeneurs aiment déambuler le soir venu, ni les sites les plus beaux de la ville ! Record battu. Même à Rio, en 2016, il faut s'aventurer dans des quartiers un peu difficiles pour se faire attaquer ou détrousser. C'est dire !

Je dois reconnaître que je suis très ému, ce soir-là, alors que je m'apprête à faire mes premiers pas de commentateur des Jeux olympiques d'été. À l'époque, je travaille depuis trois ans comme journaliste pigiste, sans contrat qui me lie à France Télévisions. Cela fait peu de temps que je suis entré dans cette grande maison, et me voilà déjà plongé dans le grand bain olympique ! Littéralement : la première semaine, je serai à l'antenne sur le site du magnifique bassin olympique en plein air, avant de me concentrer sur l'athlétisme la semaine suivante au stade de Montjuïc, construit à l'occasion de l'Exposition universelle de 1929, puis remarquablement rénové en 1989. Je savoure l'immense bonheur de travailler à ce poste idéal pour vivre en direct les performances des meilleurs athlètes du monde. L'appréhension qui me taraude, quand je songe au travail qui m'attend, n'a rien d'insurmontable. Certes, ma présence ici relève d'une chance incroyable, c'est un grand privilège ! Mais je me sens à ma place et, sans aucune prétention, je pense que, si je suis là, c'est que je mérite de l'être. Si ma direction m'envoie aux Jeux, c'est qu'on me fait confiance. À présent, c'est à moi de jouer pour tenter d'imprimer ma marque et de tout donner pour que cette chance se reproduise à l'avenir.

« King Carl » pour débuter !

Pour mes premiers Jeux d'été, je suis particulièrement gâté. Carl Lewis, que je considère comme le plus grand athlète de tous les temps, m'accorde une interview pleine d'émotions.

Sa performance huit ans plus tôt aux JO de Los Angeles m'avait particulièrement marqué. Je ne travaillais pas encore à la télévision à l'époque, mais j'avais suivi les retransmissions avec attention. Quatre médailles d'or, la première au 100 m, la deuxième au saut en longueur, puis le 200 m avec un nouveau record olympique et la dernière en tant que relayeur au 4 × 100 m ! Quel phénomène ! Je n'y étais pas, mais quelle émotion… Quand je voyais ce garçon courir, sauter avec cette agilité surhumaine, je ne pouvais m'empêcher de songer que, si j'avais la chance d'approcher un tel champion un jour, mon métier vaudrait la peine d'être exercé Je crois qu'il n'y a jamais eu plus bel athlète que lui. Il est l'incarnation même de la devise olympique : « Plus vite, plus haut, plus fort. » Tout est dit… On pourrait même y ajouter « plus long », puisque sur la liste de ses performances on trouve aussi celle du saut en longueur. Souverain à Los Angeles dans cette discipline, il n'avait que 23 ans et figurait déjà au sommet.

À Barcelone en 1992, Carl Lewis entame déjà la fin de sa carrière ; elle s'achèvera à Atlanta quatre ans plus tard. Mais cet été-là, il remporte deux médailles d'or : l'une au saut en longueur et l'autre pour le relais 4 × 100 m.

Me voilà donc face à cet aristocrate du sport. Quelle élégance ! Sa gestuelle reste pour moi la plus harmonieuse de l'histoire du sport ! Davantage que celle d'Usain Bolt ou de Jesse Owens, que je n'ai pas connu, mais dont le style est plus saccadé sur les images que j'ai pu visionner. En comparaison, Lewis, c'est la grâce absolue. Peu avant Barcelone, l'athlète a perdu son père, une figure qui représentait énormément pour lui. Au terme du relais où il bat le record du monde, il me souffle, ému :

– Je pense à mon père qui est là-haut dans le ciel et qui veille sur moi ce soir.

À ces mots, je me sens frissonner. Si le plus grand athlète du monde me confie cela, c'est que quelque chose est en train de naître. Je le sens, ma carrière, mon itinéraire professionnel est placé ce jour-là sous les meilleurs auspices.

Étrangement, Lewis me reparlera des années plus tard de cette première interview de Barcelone 1992. Pourquoi se souvient-il de moi, lui qui a côtoyé dans sa carrière éblouissante les plus prestigieux journalistes sportifs ? Je crois que cela peut s'expliquer par ma présence constante tout au long des Jeux de Barcelone : au lieu de me cantonner aux séquences retransmises qui se déroulaient l'après-midi, j'ai à cœur d'assister chaque matin à d'autres séries moins importantes. Nous sommes assez peu nombreux à ce moment de la journée, les médias américains, par exemple, ne viennent jamais. Pourtant, même si ces séries sont moins « glorieuses », ce sont les mêmes coureurs qu'on retrouvera l'après-midi. Je crois qu'une forme de respect mutuel s'est esquissée dans ces moments plus confidentiels. Car une complicité très forte se révèle quand on assiste à l'effort de quelqu'un qui donne le meilleur de lui-même, et c'est ainsi que se nouent des liens de confiance entre sportifs et journalistes. De l'avis général, Carl Lewis a toujours été un garçon un peu compliqué mais, dès cette première rencontre à Barcelone 1992, son regard était empreint de gentillesse, j'oserais même dire d'affection, quand il se posait sur moi. Il savait – et ce n'est pas le cas de tous – que nous pouvions parler d'autre chose que de ce qui se passait sur la piste. Pouvoir évoquer sa famille ou la perte de son père sans que ses réponses soient surmédiatisées l'avait touché, sans doute. Grâce à cette disposition d'esprit à mon égard, j'ai eu effectivement le privilège de le suivre sur toute la seconde partie de sa carrière…

Une *Dream Team* qui pose question…

La grande attraction de Barcelone 1992 est l'équipe de basket des États-Unis, composée des meilleurs joueurs de la NBA, surnommée la « *Dream Team* » : Michael Jordan, Larry Bird, Magic Johnson, Scottie Pippen, Karl Malone. Je me souviens de l'effervescence qui règne autour de cette équipe. Voilà des virtuoses milliardaires qui éblouissent la scène olympique par leur adresse, leur efficacité, leur bonne humeur et leur enthousiasme… Pour le grand public, le spectacle est total ! Jour après jour, la *Dream Team* remporte tous ses matchs, avant d'écraser la Croatie en finale et de décrocher la médaille d'or qui leur était promise.

La veille de la demi-finale contre la Lituanie, Michael Jordan passe la nuit à jouer aux cartes avec ses coéquipiers, avant d'enchaîner, dès 7 heures du matin, par un minitournage publicitaire pour Nike, puis un parcours de golf 18 trous. Pourtant, il livrera le soir même une de ses meilleures performances défensives. Ensuite, la légende raconte qu'il est enfin allé se coucher… Même Magic Johnson, pas toujours enclin à adresser des compliments à son coéquipier, dira de lui : « Je me fiche de ce que les gens peuvent penser : Michael Jordan est juste l'athlète le plus résistant physiquement de l'histoire du sport. » En dépit de mon admiration pour l'exploit de cette équipe, je suis beaucoup moins séduit par leur état d'esprit. Je pense à Shaquille O'Neal, à qui l'on demande, lors des JO d'Athènes de 2004, s'il a visité l'Acropole : « Non, je ne suis pas encore sorti en boîte de nuit… » Nous voilà plongés dans la « culture dollars », bien loin de la « culture tout court » ! Et cela n'a pas changé ! J'ai eu l'occasion récemment de côtoyer Michael Jordan à la Ryder Cup de golf, en 2018. Abord impossible, discussion impossible. Pas moyen d'obtenir le moindre mot ! Aux Jeux de Barcelone, l'équipe américaine ne loge même pas au village olympique, lui préférant des hôtels de luxe. Ils passent leur temps à se prendre en photo – on ne pratique pas encore les selfies à l'époque – ou à signer des autographes à d'autres athlètes... N'est-ce pas un peu gênant ? Bref, je ne suis pas certain que ces basketteurs américains portent « l'esprit olympique » chevillé au corps... D'ailleurs, quand on évoque la carrière extraordinaire de Jordan ou de ses coéquipiers, ce n'est pas la médaille d'or olympique de Barcelone qui vient en tête ! Quoi qu'il en soit, la domination sans partage de la *Dream Team* symbolise pour moi le tournant idéologique vers le professionnalisme à tous crins. C'est la fin de nombreuses années d'amateurisme.

Le vent de fraîcheur des Barjots

En revanche, le handball offre un magnifique vent de fraîcheur à ces Jeux de plus en plus « marketés » ! Cette année-là, la France se présente comme nation mineure du handball. Pourtant, aux JO de Barcelone, les Bleus accèdent aux demi-finales après un tournoi extraordinaire. Cette incontrôlable bande de potes, grandes gueules et coupes de cheveux farfelues, gagne rapidement le surnom de « Barjots » et enchaîne les soirées mémorables d'après-match. Face à la Suède, ils apparaissent les cheveux peroxydés, ce qui n'empêche pas leur défaite. Néanmoins, ils décrochent une médaille de bronze historique et propulsent le handball en pleine lumière sur le sol national. À Barcelone, cette équipe apporte une merveilleuse touche d'originalité. Comme l'écrivait Jean d'Ormesson, « Tout le bonheur du monde est dans l'inattendu ». C'est vrai dans la vie, ça l'est encore davantage dans le sport.

Barcelone 1992 a été à la fois mon étape professionnelle « porte-bonheur » et l'accomplissement d'un rêve. Je me souviens très bien du dernier soir des Jeux, mélange de soulagement et de nostalgie. Les yeux rivés sur le ciel étoilé de la cité catalane, je revis en pensées ces deux semaines gorgées de soleil, d'émerveillement pour les exploits des athlètes, de stress aussi de ne pas me trouver au bon endroit au bon moment. Une bouffée de fierté me submerge. « Je l'ai fait. *I did it.* » Je contemple la nuit posée sur la ville et me prends à songer : ma vie professionnelle serait-elle placée sous une bonne étoile ?

– 2 –

Traditions et symboles olympiques

Tout commence en Grèce, pendant l'Antiquité. La première mention de Jeux olympiques remonte tout de même à 776 av. J.-C. ! En fait, ils sont sans doute nés bien plus tôt. Au départ, il ne s'agit que d'un rassemblement modeste, mais ils acquièrent peu à peu une grande popularité et deviennent la plus grande réunion de la Grèce antique. Car, à l'origine, les JO ne célébraient pas uniquement le sport : cérémonies rituelles et événements sportifs forment les composants d'une grande fête avec une forte connotation religieuse, notamment pour honorer Zeus, le dieu des dieux grecs. Imaginez-les, ces dizaines de milliers de spectateurs qui affluent vers Olympie pour suivre les Jeux et visiter les temples… Dans les rues de la ville, ils s'arrêtent pour admirer de nombreux chanteurs, danseurs, jongleurs, orateurs et poètes. Autour du site sacré se regroupent les marchands ambulants, vendeurs de fleurs, ou autres parieurs…

Et voilà comment les olympiades ont rythmé le calendrier grec pendant plus de mille ans, divisant le temps en périodes de quatre ans, et cela quels que soient les aléas historiques, les guerres et même l'invasion romaine !

Athènes, les premiers Jeux de l'ère moderne

Après avoir disparu pendant des siècles, les premiers Jeux olympiques de l'ère moderne se tiennent à Athènes en 1896, sous l'impulsion de Pierre de Coubertin. Ce Français naît dans une famille de la petite noblesse en 1863 et devient par la suite l'un des chefs de file de la réforme de l'enseignement en France. Sa quête ? Offrir aux enfants français ce dont les jeunes Anglais bénéficient déjà : du sport dans le cadre de leur scolarité. Fasciné par la Grèce antique, le baron de Coubertin était admiratif de l'éducation que celle-ci inculquait à sa jeunesse. Quoi de mieux que de cultiver à la fois la beauté du corps par l'exercice, et celle de l'esprit par la rhétorique ? Dès lors, il voua sa vie à cet objectif, convaincu que la pratique du sport devait constituer un atout pédagogique d'envergure. Moustache fournie, chevelure blanche et prestance d'une noblesse impressionnante, le baron dégage une aura extraordinaire sur les photos d'époque… Comme j'aurais aimé le rencontrer ! Je suis certain qu'il s'agissait de ce genre de personne avec qui l'on peut aborder de multiples sujets, parler de culture, de littérature, de musique, et de sport, bien entendu. C'est à cet homme et à lui seul que nous devons l'intégralité de l'organisation des Jeux olympiques, un événement qui était, selon lui, « le meilleur moyen de faire la guerre sans tuer personne ». La paix mondiale lui doit beaucoup, et il a d'ailleurs été nominé pour le prix Nobel de la paix en 1935 pour l'ensemble de son œuvre, avant de mourir à Genève en 1937. Si le nom de Pierre de Coubertin est souvent associé à un idéal de paix et d'égalité entre les êtres humains, ce personnage n'en reste pas moins un homme de son siècle, connu entre autres pour son hostilité à la participation des femmes aux Jeux olympiques. Certes, de nos jours, cette position semble incongrue, voire rétrograde, alors que des athlètes féminines offrent à leur pays de magnifiques records, d'éblouissantes performances dans la plupart des disciplines… Mais qui sommes-nous pour juger de certains propos énoncés à la fin du XIXe siècle ? Pour ma part, je considère que Pierre de Coubertin n'en est pas moins un homme immense, pour qui j'ai, et je n'en démordrai jamais, une très profonde estime. À mon humble avis, il devrait reposer au Panthéon.

Lors de la préparation des premières olympiades, la Grèce de 1896 est sans ressources. Le pays est ruiné à la suite des années de domination turque. Accueillir les Jeux olympiques modernes est une idée qui enflamme le cœur de tous les Grecs, mais trouver l'argent pour les mettre sur pied, c'est une autre affaire… Et comment organiser des

Jeux sans un grand stade pour accueillir les cérémonies d'ouverture et de clôture ? Où se passeront les épreuves d'athlétisme, discipline reine des Jeux d'été, et l'arrivée du marathon ? Dans la plupart des éditions, ces temples modernes sont construits pour l'occasion, même s'il arrive que certains soient choisis parmi des bâtiments existants. À Athènes, en 1896, c'est finalement un riche marchand grec, Georges Averoff, qui offre à son pays et à son roi un million de drachmes d'or, une fortune ! C'est ainsi que peut être rénové le stade panathénaïque (stade de tous les Grecs), celui que l'on appelle « le stade Antique », même s'il n'y a plus beaucoup d'éléments d'origine dans sa construction. Ce magnifique bâtiment revêtu de marbre blanc offre une capacité de 60 000 places. En forme de fer à cheval, sa courbe resserrée oblige les coureurs à ralentir nettement s'ils ne veulent pas se retrouver sur les genoux des spectateurs ! Il est l'un des monuments les plus visités du pays, ce qui ne m'étonne pas : c'est à mon avis l'un des plus beaux vestiges de la Grèce. Je dois dire que, de tous les stades que j'ai pu visiter de par le monde, il reste mon préféré. S'il est un lieu sur Terre où subsiste le souffle du rêve olympique, c'est ici.

L'heure est venue de la cérémonie d'ouverture. On imagine la ferveur incroyable, à Athènes, pour applaudir – ce 5 avril 1896 – ces athlètes pionniers, venus de treize pays différents, souvent à leurs frais après un long voyage. Dans le même esprit que les Jeux olympiques antiques, tous les compétiteurs sont des hommes et totalement amateurs. Les athlètes vont s'affronter dans 43 épreuves et 9 disciplines. On retrouve là les sports emblématiques des Jeux antiques comme la lutte, le lancer du disque, du javelot, les courses ou le saut en longueur. C'est remarquable d'avoir réussi à perpétuer ces épreuves immortelles ! Aujourd'hui encore, ces cinq sports sont les rois des JO et, personnellement, j'aurais pu me contenter de ces cinq-là !

Les Jeux de 1896 ont commencé par les éliminatoires du 100 m. D'ailleurs, cette distance se courait alors en 12 s, alors que, pour s'offrir une chance de gagner aujourd'hui, il faut le parcourir en moins de 10 s ! C'est bien simple, si les athlètes d'aujourd'hui se mesuraient à ceux d'hier, ils laisseraient ces derniers à environ 20 m derrière eux… De la même manière, l'Américain James Connolly devint le premier champion olympique à l'épreuve du triple saut, qu'il emporta avec un bond de 13,71 m. Pour info, aujourd'hui, on saute à plus de 18,30 m ! Lors de ces premiers JO, les vainqueurs des épreuves recevront une médaille d'argent et un rameau d'olivier, les deuxièmes, une médaille de bronze. Quant aux troisièmes, ils n'ont rien ! La remise des trois médailles que l'on connaît : or, argent et bronze, ne voit le jour que huit ans plus tard à Saint-Louis, aux États-Unis.

Naturellement, le marathon fera partie des épreuves phares. Cette course mythique a sa propre légende : elle commémore l'exploit de Philippidès, un guerrier antique, qui, après la bataille de Marathon, en 490 av. J.-C., s'était précipité en courant jusqu'à Athènes pour annoncer la victoire des Athéniens avant de tomber mort d'épuisement. Par un heureux hasard, le marathon de 1896 est remporté par Spyrídon Loúys, un berger grec vêtu de ses habits traditionnels. Imaginez-le, chaussé de ses bottes à pompons et habillé d'une fustanelle, une jupe aux quatre cents plis ! Lorsqu'il pénètre dans le stade panathénaïque, devant 60 000 Grecs en liesse, l'émotion est telle que le prince Constantin saute des gradins pour courir à ses côtés sur les derniers mètres. Le vainqueur est porté en triomphe sur un trône et son nom trouve une place de choix dans la langue grecque avec l'expression « courir comme un Louis »... Mais, il faut bien l'avouer, quelques rumeurs viennent ternir l'exploit de ce berger. Tous les marathoniens le savent, le trentième kilomètre est souvent un moment charnière dans le marathon... Les mauvaises langues racontent que Spyrídon Loúys aurait été transporté à dos de mule jusqu'à l'entrée du stade olympique, bien sûr sans témoins ! Il n'y avait naturellement pas de caméras et très peu de spectateurs, à cette époque... Dès lors, des doutes entachent son arrivée, frais comme un gardon tout juste pêché... Si telle était la vérité, je ne lui retirerais pas sa médaille pour autant, car c'est une histoire tellement délicieuse !

Ces Jeux de 1896 furent marqués par de nombreuses anecdotes savoureuses. Par exemple, la finale d'escrime avait débuté alors que le roi n'était pas encore présent sur les lieux. Quand il fait enfin son entrée dans la loge royale, le jury empressé décrète : « Le roi arrive, on recommence la finale ! » De cette première édition, on ne dispose que de quelques images en noir et blanc, bien éloignées des formats d'aujourd'hui. Mais c'est ce qui fait leur charme. Chacun peut laisser libre cours à son imagination. Gymnastes allemands aux fières bacchantes, bras croisés, défiant virilement l'objectif, coureurs à pied en shorts trop larges, vélocipédistes moustachus… et bien sûr l'inénarrable Spyrídon Loúys en costume traditionnel. Pour ma part, j'ai presque l'impression d'avoir vécu ces Jeux, point de départ d'innombrables trajectoires extraordinaires d'hommes et de femmes qui sont au cœur de cet ouvrage.

Si j'avais un souhait à formuler, ce serait que les Jeux d'été reviennent à Athènes et qu'ils n'en bougent plus. Ils rentreraient ainsi « à la maison », une maison qu'ils n'auraient peut-être jamais dû quitter… Je crois que Coubertin aurait été bien inspiré d'écouter la demande du roi de Grèce qui souhaitait qu'Athènes devienne la capitale permanente des futurs Jeux olympiques. À l'heure actuelle, les villes qui se portent candidates à l'organisation de l'événement se font de plus en plus rares… Cela devrait interroger le CIO ! La seule manière de sauver les

Jeux serait de revenir à plus de simplicité. Pourquoi engager tant de frais démesurés alors que de moins en moins de villes se portent candidates parce qu'elles ne peuvent pas « suivre » ? Si les Jeux se tenaient dans un lieu unique, il y aurait moins de gigantisme, moins de tentations et sans doute plus de fair-play. S'ils n'ont plus personne pour les accueillir, que deviendront les Jeux ?

La pérennité des symboles

Les Jeux olympiques ne seraient pas ce qu'ils sont sans la farandole de traditions et de symboles qui marquent notre imaginaire collectif. Flamme olympique, drapeau aux cercles entrelacés, parade des nations qui voit défiler les athlètes de tous les pays, habillés par de grands couturiers ou en costumes traditionnels…

De nos jours, la cérémonie d'ouverture est un spectacle en soi, et la beauté de l'organisation scénique prime pour mettre en valeur le prestige de la nation « hôte ». On assiste à une représentation idéalisée de la culture d'un pays à travers sa littérature, sa musique, ses coutumes et, bien sûr, ce que symbolise l'idéal olympique pour lui. Finalement, cette célébration garde une trace de l'esprit de fête qui entourait les Jeux antiques !

Parmi les traditions les plus fortes qui ont traversé le temps, on compte bien sûr la flamme olympique, symbole d'unité et de paix entre les peuples, et qui a brûlé pour la première fois lors des Jeux d'Amsterdam, en 1928. Aujourd'hui encore, cette tradition suit un rituel bien précis. Le flambeau est allumé lors d'une cérémonie inspirée de l'Antiquité sur le site historique grec, à Olympie, à l'aide d'un miroir parabolique qui concentre les rayons du soleil. Cette flamme est ensuite acheminée par des coureurs qui se relaient tous les kilomètres jusqu'à la ville hôte, et allument chacun leur flambeau à celui de leur prédécesseur. Quand le dernier porteur débouche dans le stade, il entame un tour de piste avant d'embraser le chaudron olympique qui brûlera tout au long de la quinzaine olympique.

Plus abstrait mais non moins symbolique, la devise olympienne… Au-delà d'une cérémonie et de quelques semaines de compétitions sportives, les Jeux représentent tout un « esprit » qui se résume par la maxime olympique : « Le plus important aux Jeux olympiques n'est pas de gagner, mais de participer, car l'important dans la vie ce n'est point le triomphe, mais le combat ; l'essentiel, ce n'est pas d'avoir vaincu, mais de s'être bien battu. » Cette idée, que l'on abrège souvent par « l'important c'est de participer », nous vient donc de Pierre de Coubertin, qui ne cherchait pas à faire du vainqueur le seul héros de la compétition. Arriver premier n'est pas une priorité, le plus important est de donner le meilleur de soi-même. La devise et la maxime olympique reflètent un idéal auquel Coubertin croyait fermement et dont il faisait la promotion.

Elles constituaient à ses yeux des leçons de vie importantes : donner le meilleur de soi-même reste un objectif primordial, non seulement pour les athlètes, mais aussi pour chacun d'entre nous. Je suis bien entendu complètement en accord avec cette pensée. J'ai toujours trouvé, à l'image de la philosophie chère au baron de Coubertin, qu'il n'y a de champion admirable que parce que le deuxième était « quasiment » invincible et que la lutte a été noble. Autrement dit, il ne peut y avoir de beaux vainqueurs que parce qu'il y a de beaux « vaincus », ou tout du moins des concurrents qui espéraient mieux que ce qu'ils ont eu. Et les émotions sportives les plus puissantes ne surviennent pas seulement lors des victoires. Je suis définitivement opposé à la philosophie de mes confrères américains pour qui « *Winner takes all* », « le vainqueur remporte tout ». Quitte à passer pour un être singulièrement rétrograde, je pense comme Coubertin que « l'important est de participer ». Et d'ailleurs, peut-on vraiment parler de « vaincu » quand on obtient une médaille d'argent ou de bronze aux JO ? Franchement, être sélectionné pour les JO, c'est en soi une performance remarquable !

Sur un plan personnel, mes plus belles rencontres et interviews se sont tenues avec des deuxièmes ou des troisièmes. Quatre ans avant que le coureur marocain Hicham El Guerrouj obtienne ses deux médailles d'or, je me suis presque transformé en « consolateur », et je pèse mes mots. C'était aux JO de 2000, à Sydney. Alors qu'il était largement favori du 1 500 m, il est battu par le

Kényan Ngenyi d'un souffle sur la dernière ligne droite. Je suis allé le voir à Ifrane, à l'entraînement, peu de temps après Sydney. Je me souviens qu'il se sentait investi d'une mission divine, transmise à la fois par Dieu et par le roi (ce qui au Maroc est très proche !). Tout de même, une médaille d'argent, ce n'est pas rien ! Pourtant, il avait le sentiment d'avoir déshonoré son pays et trahi à la fois Dieu et le roi. Dans un reportage très suivi au Maroc, je lui ai dit :

– Non, Hicham, vous n'avez trahi personne ! Vous êtes médaille d'argent, et votre peuple est très fier de vous. Je vous assure que des jours encore meilleurs viendront, vous verrez...

– Jamais, jamais...

Et quatre ans plus tard, j'en reparlerai, il fait coup double en remportant le 1 500 m, ainsi que le 5 000 m !

Voilà des personnes qui donnent tout pour un objectif, qui dépassent leurs limites dans une lutte sublime. S'ils échouent, ce n'est pas à moi de venir avec mon micro retourner le fer dans la plaie. Je suis parfois stupéfait de la cruauté extrême de certains médias, sponsors, partenaires et autres adversaires. Le monde du sport est souvent féroce et la devise de Coubertin a été singulièrement galvaudée à travers l'Histoire. Cela s'est encore accentué depuis une vingtaine d'années, dès lors que le Mouvement olympique sous l'impulsion d'un de ses anciens présidents, Samaranch, s'est ouvert aux sports professionnels.

– 3 –

Mes JO : Atlanta 1996

Cent ans après les premiers Jeux des temps modernes, nous voici à Atlanta pour l'anniversaire de cette première édition. Cette année-là, cinq autres villes étaient en concurrence : Manchester, Toronto, Melbourne, Belgrade et Athènes. Dans une finale très serrée entre la capitale grecque et celle de l'État de Géorgie aux États-Unis, le choix du CIO se portera finalement sur cette dernière. Pour les villes battues, les réactions sont vives. En même temps, l'enjeu était de taille, et toutes sont bien amères, en particulier Athènes, où l'échec est très mal perçu. L'actrice Melina Mercouri, ancienne ministre de la Culture, résume d'une formule lapidaire le sentiment qui prévaut dans le pays : « Coca-Cola l'a emporté face au Parthénon. » Pour le maire d'Athènes, Nicólaos Giatrákos, la déception est énorme : « Nous sommes le berceau des Jeux, il serait naturel d'y célébrer le centenaire », clame-t-il haut et fort. Et, en effet, il aurait semblé logique que cette édition revienne de droit à Athènes pour ces raisons historiques. Cent ans après Athènes 1896, premiers JO de l'ère moderne voulus par Coubertin. Mais pas lorsque l'on connaît le fonctionnement du CIO et que l'on mesure le poids gigantesque du partenariat avec Coca-Cola, dont le siège se trouve à… Atlanta ! Dès que la ville s'était positionnée, cela devenait impossible pour les concurrentes de s'aligner. Je me souviens d'ailleurs avoir été étonné que le scrutin ait pu être aussi serré.

Pour comprendre cela, il faut se souvenir que les deux sponsors absolument historiques de l'olympisme sont Coca-Cola et McDonald's. J'ai du mal à croire que ces marques représentent la façon la plus saine pour les sportifs de s'alimenter, mais c'est ainsi ! McDonald's s'est positionné un peu après, mais Coca-Cola a commencé à sponsoriser les Jeux dès Amsterdam 1928. Mille caisses de soda avaient alors été chargées à bord du bateau qui transportait les sélectionnés américains vers les Pays-Bas… Et ce don marque le début d'un soutien permanent de la firme au Mouvement olympique, soutien qui atteindra son apogée à Atlanta. Boire du Coca accompagnait l'« *American way of life* », tout comme les cigarettes Marlboro promues par le fameux cow-boy viril et conquérant. Encore une fois, il faut se replonger dans l'époque. Aujourd'hui, je doute qu'une marque de cigarettes serait la bienvenue comme sponsor olympique !

Lors des Jeux d'Atlanta, beaucoup d'observateurs ont déploré l'omniprésence du rouge autour des sites olympiques, alors que le décor était traditionnellement plutôt bleu. C'était une sorte de publicité subliminale, celle-ci faisant l'objet d'une interdiction dans le stade. Mais les boutiques et les parcs alentour regorgeaient de pubs. Je me souviens aussi que tout le monde parlait de cette prétendue « formule magique » de Coca-Cola et du fait qu'elle serait détenue dans un coffre au sous-sol du musée Coca-Cola. Comme je suis quelqu'un de curieux, je suis allé voir. Derrière une porte blindée, au sous-sol, se trouverait, paraît-il, cette formule magique. Tout cela est complètement bidon !

Dans ce contexte, les médias sont partis couvrir les Jeux avec en tête l'image désagréable de Jeux hypercommerciaux. Et pourtant, je me dois d'être objectif : en ce qui concerne l'importance du sponsoring, du marketing ou des marques, je n'ai pas ressenti de profonde différence avec les JO de Barcelone quatre ans auparavant. En revanche, je dois reconnaître que ces olympiades ont été une vraie réussite sur le plan des performances sportives.

Pour ma part, en m'envolant pour Atlanta, j'emportais avec moi les images plutôt romanesques héritées d'*Autant en emporte le vent,* le roman de Margaret Mitchell. Rasée par le général Sherman pendant la guerre de Sécession, cette ville a su renaître de ses cendres pour la énième fois. Mais c'est aussi le lieu de naissance de Martin Luther King, le leader du mouvement afro-américain des droits civiques. Et si Atlanta est encore empreinte du souvenir d'*Autant en emporte le vent*, ce n'est pas une ville « agressive » comme peuvent l'être Los Angeles, Dallas, Detroit ou Chicago. Atlanta, c'est une capitale d'État qui reste assez provinciale, une ville à l'égard de laquelle je nourrissais plein de préjugés et d'*a priori*, mais qui a franchement su me séduire.

En arrivant sur place, quelques jours avant le début des épreuves, j'ai commencé par me rendre au mémorial de Martin Luther King, le lieu le plus visité de la région – 10 000 personnes par jour, 100 000 attendues pendant les Jeux –, et le cimetière où il repose. J'ai côtoyé nombre de magnifiques athlètes afro-américains. Je ne peux m'empêcher de penser que même si la stature de Martin Luther King est éloignée *stricto sensu* de l'olympisme, ses luttes héroïques pour les droits civiques ont contribué à l'amélioration de la perception des sportifs de couleur. D'ailleurs, à l'ouverture des Jeux, Atlanta a témoigné son respect au prédicateur noir. Il faut bien avouer que les Américains ne pouvaient guère faire autrement, vu que le comité d'organisation (Acog) ne s'était pas privé d'invoquer la figure mythique de King pour argumenter la candidature d'Atlanta. Le fils de Martin Luther King et Coretta Scott King, la veuve du pasteur assassiné, ont porté la torche olympique sur Auburn Avenue, décrétée site historique en 1980, puis se sont recueillis devant son mausolée de marbre blanc.

Mohamed Ali pour porter la flamme

5 000 figurants ont offert aux 83 000 spectateurs un show grandiose de quatre heures, « à l'américaine », sous la forme d'un hommage appuyé à la Grèce antique et au baron de Coubertin, inauguré par Bill Clinton et clôturé par Céline Dion. Au-delà du spectacle, je me souviens de mon immense émotion quand j'ai découvert que Mohamed Ali avait été choisi comme dernier porteur de la flamme. Ce moment est gravé dans la mémoire de tous les amateurs de sport, même s'ils ne sont pas des aficionados de boxe. À 54 ans, le boxeur était atteint de la maladie de Parkinson, et j'ai en tête l'image de sa main qui tremblait, et de son visage profondément heureux et fier d'être là. Quel honneur pour le plus grand boxeur de tous les temps, *The Greatest,* sacré champion olympique aux Jeux de Rome en 1960 ! Son apparition, alors qu'il se nomme encore Cassius Clay, est une révélation. À 18 ans, il impressionne tous les amateurs du noble art par ses esquives et sa rapidité, on le surnomme « l'abeille »... Il disait d'ailleurs : « Je suis tellement vif que quand j'entre dans ma chambre et que je ferme la lumière, je suis dans mon lit avant qu'elle ne s'éteigne ! » Je trouve ça génial ! C'est un personnage merveilleux pour qui j'ai une affection toute particulière... Rome 1960 sera la première étape d'une carrière légendaire sous le nom de Mohamed Ali. Je suis béat d'admiration devant cet

homme et je dois dire que, des années plus tard, c'est une personne qui continue à m'impressionner.

Quel chemin accompli depuis qu'il avait décidé de jeter sa médaille d'or pour non-reconnaissance de son exploit olympique de Rome – et surtout discrimination raciale ! En effet, dans *The Greatest: my own story,* ses mémoires rédigés avec Richard Durham en 1975, il raconte être retourné à Louisville après les Jeux olympiques avec sa médaille d'or et s'être rendu dans une cafétéria où un serveur l'aurait mis à la porte en lui disant : « Ici, on ne sert pas les Noirs ! » Plein d'amertume et de colère, sans doute, le jeune Mohamed Ali s'est dirigé droit vers le fleuve Ohio et, là, y a jeté sa médaille.

L'histoire a été contestée, Mohamed Ali en a donné de multiples versions, toujours est-il que cet immense boxeur qui allume la flamme restera l'image de cette cérémonie.

Trop chauvins, les Américains ?

Le public américain est réputé pour être très patriote, parfois même chauvin. La bannière étoilée serait le seul drapeau qui compte à leurs yeux. Cette idée me gêne un peu. Certes, ils sont patriotes, mais le sont-ils plus que d'autres ? Tout au long de ma carrière, je me suis déplacé sur beaucoup de terrains de sport à travers le monde et je peux assurer que je n'ai pas remarqué aux États-Unis de chauvinisme plus important qu'ailleurs. Un pays comme l'Italie (que j'adore) est beaucoup plus cocardier que les États-Unis. L'Amérique latine, de ce que j'ai pu en voir, montre beaucoup plus d'attachement aveugle à son pays que les États-Unis. Ce qui est certain, c'est que la plupart des Américains n'ont jamais mis les pieds hors du territoire et beaucoup se contentent même de leur État, mais ces derniers sont souvent aussi grands que les pays d'Europe ! Je pense que leur chauvinisme est plutôt dû à l'ignorance qu'à un patriotisme exacerbé. Ils semblent en fait peu intéressés par le monde extérieur, mais ça s'arrête là… Ils applaudissent quand même les autres sportifs.

L'éclatement de l'URSS permet aux États-Unis de reprendre leur domination sur les Jeux avec 101 médailles, dont 44 en or ! Il serait fastidieux de lister toutes les disciplines, mais je voudrais évoquer les exploits de l'équipe américaine de gymnastique. Notamment la prouesse d'une petite perle de 1,50 m du nom de Shannon Lee Miller. Déjà médaillée cinq fois à Barcelone alors qu'elle avait tout juste 15 ans, elle conquiert la médaille d'or au concours individuel ainsi que la médaille d'or par équipe devant 15 000 spectateurs au Dôme d'Atlanta. J'ai rarement vu une ferveur pareille ! Quelle agilité, quel équilibre sur la poutre ! Les gamines blanches et noires de l'équipe américaine ont conquis le cœur des spectateurs d'une manière telle que je ne l'avais jamais, jamais vu ! Les enfants pratiquent la gymnastique à l'école alors, évidemment, il y a cette capacité d'assimilation et elles sont vraiment devenues des « *American sweethearts* ».

« La guêpe » a fait mouche

Dans le clan tricolore, la finale d'escrime marque les esprits avec l'affrontement de deux jeunes Françaises. Laura Flessel, « la guêpe », finit par conquérir le premier titre féminin à l'épée devant sa partenaire de l'équipe de France Valérie Barlois. Toutes les deux sont entraînées par Michel Salesse. Que d'émotions partagées avec ces deux escrimeuses ! J'avoue qu'en temps normal je ne suis pas un très grand fan de ces confrontations nationales, ça manque souvent d'un peu de piment. Mais là, et c'est d'ailleurs moi qui commentais l'épreuve, j'ai adoré retrouver ces deux-là en finale. Rivales le temps de la finale, Laura, championne olympique, et Valérie, vice-championne olympique, se retrouvent quelques jours plus tard en compagnie de Sophie Moressée-Pichot dans l'épreuve par équipe et montent ensemble sur la plus haute marche du podium recevoir une magnifique médaille d'or.

Il faut d'ailleurs rappeler que l'escrime est l'une des disciplines les plus anciennes : elle n'a jamais quitté le programme des Jeux depuis 1896 ! L'escrime et le judo réussissent le tour de force d'être sous les projecteurs tous les quatre ans. Il s'agit d'être fidèle au rendez-vous, et le fait est que ces deux sports apportent énormément de satisfaction au sport français, ce sont des « valeurs sûres », car c'est souvent là que les médailles pleuvent !

Michael Johnson assure le spectacle

À l'international, parmi les médailles les plus emblématiques, il y a bien évidemment celle de Michael Johnson avec son doublé 200 m-400 m, exploit unique dans les JO. Il pulvérise par la même occasion le record du monde sur 200 m qui ne sera battu que douze ans plus tard par l'ovni Usain Bolt. À cause de son style de course un peu particulier, des foulées courtes et rapides et un buste droit, il est surnommé « la locomotive de Waco ». Attachant ou rebutant et avec son allure inimitable, l'Américain aux chaussures dorées aura eu le mérite de faire le show. C'est quelqu'un de très sympathique. J'en garde un souvenir très fort : il m'a valu l'une des interviews (si ce n'est l'interview) les plus baroques de ma carrière. Je l'interroge alors qu'il vient juste de passer la ligne d'arrivée. Dès le début, le coureur semble vouloir être ailleurs, il baisse la tête, regarde au loin. Comme j'en ai l'habitude, je lance l'interview de manière très ouverte :

– L'émotion est ici tellement extraordinaire qu'elle dépasse les mots, qu'elle dépasse l'entendement !

– Il y a beaucoup de choses que je voulais réaliser ce soir. Vous savez, ce public est tellement merveilleux qu'il méritait ce record du monde, c'est pour ça que j'ai voulu leur offrir ce record du monde, c'était mon ambition, c'était mon but et je l'ai atteint...

Ma seconde question est peut-être un peu longue, et la traduction l'est également.

– Michael, vous pouviez rêver de la médaille d'or, ça, c'était légitime, mais rêver à un temps de 19 s 32/100... *No no no, Michael, just an answer !*

Ça alors ! emporté par mon élan, mon enthousiasme devant sa performance, je n'ai pas réalisé tout de suite que Michael Johnson m'avait littéralement laissé tomber avec ma question en suspens. Fatigué, sans doute pressé de passer à autre chose, l'athlète s'éloigne, tranquillement, en plein milieu de l'interview ! Hors champ, on l'entend me lancer : « *I feel good.* » Et la vidéo de ma déconvenue passe encore au zapping près de vingt-cinq ans après !

Pourtant, des années plus tard, nous nous croisons aux championnats du monde d'athlétisme à Londres 2017 ; Michael Johnson s'avance vers moi, un grand sourire aux lèvres.

– *How is my good friend from France ?* Vous savez, personne ne me connaît aux États-Unis alors que tout le monde me connaît en France, et c'est grâce à vous !

Cette anecdote m'en rappelle une autre, dans un autre domaine. Michael Chang m'a fait la même réflexion au sujet d'une interview à Roland-Garros. Il l'a même écrit dans son livre ! Alors que je traduis en direct ses remerciements à l'issue de la finale contre Thomas Muster, je comprends mal :

– J'aimerais remercier mon frère Carl, mes parents, mes préparateurs physiques... J'aimerais également remercier « Luigi » (me semble-t-il avoir compris) car sans lui je ne serais pas joueur de tennis...

Mais qui est ce fameux Luigi ? Je mettrai du temps à comprendre qu'il ne s'agit que de... Jésus ! Comment est-ce que j'ai bien pu dire une chose pareille ! J'en souris encore.

Pour en revenir à Johnson, pour qui je garde une certaine tendresse, je dois ajouter que, si certains athlètes changent beaucoup physiquement quand ils arrêtent la compétition, ce n'est pas du tout son cas ! Il est tel qu'il a toujours été. Aujourd'hui, il commente les épreuves pour la BBC, et il garde la même tête et le même gabarit qu'il y a vingt-cinq ans.

Dernier titre pour King Carl Lewis

Le géant Carl Lewis tire sa révérence à 35 ans et entre un peu plus dans la légende en remportant sa neuvième et dernière médaille d'or au saut en longueur, la plus délicate à décrocher et peut-être la plus belle de toutes. Pour conserver un souvenir de son dernier fait d'armes olympique, King Carl ramasse un peu de sable du théâtre de sa victoire avant de quitter le stade. Il a su soigner sa sortie, et de quelle manière ! Là, chapeau bas ! Ce moment fait partie de mes plus grandes émotions aux Jeux.

De mémoire, Lewis n'était absolument pas favori de ce concours : il se qualifie de justesse aux sélections américaines trois mois avant les Jeux et, lors des qualifications pour la finale, il passe également de peu, au troisième essai, et après avoir « mordu » les deux premiers. Franchement, on ne donne pas cher de ses chances. Les médias américains, avec lesquels il a toujours entretenu des rapports difficiles, l'enterrent sans ménagement. Voilà un athlète que l'on dit fini, qui passe au dernier essai des qualifications, la veille du concours et qui remporte pourtant la compétition… Il clôture sa carrière prodigieuse sur un dernier exploit, ce qui n'est pas le cas de tout le monde. J'aime l'idée qu'il ait tiré sa révérence sur un succès énorme. Quelle classe ! Quelle allure ! Je trouve que cela lui ressemble bien.

D'ailleurs, quand il remporte l'épreuve, mes collègues de France 2 insistent pour que j'essaie d'obtenir une interview de lui, en direct pour le journal télévisé. On m'envoie à la conférence de presse où cinq cents journalistes attendent *The King*, et où je rencontre son manager de toujours, un petit bonhomme du nom de Joe Douglas. Comme celui-ci semble se souvenir un peu de moi, j'y vais au culot et je sollicite une interview pour le direct du JT. Cela me semble tellement impossible… Les cinq cents journalistes ici présents veulent la même chose, j'ai peu d'espoir, mais je tente quand même. À ma grande surprise, le manager me répond :

– C'est d'accord. Ces centaines de journalistes n'étaient pas là durant les quatre dernières années où Carl a eu tellement de difficultés, alors que vous, vous y étiez.

Et on l'a faite, cette interview en direct ! Je m'en souviendrai toujours... Les cinq cents personnalités des médias les plus réputés ont dû patienter le temps de cet échange, alors qu'il est rarissime qu'une star américaine décide de retarder une conférence de presse... Pourtant, j'ai obtenu cette faveur ! Je parlais tout à l'heure de mon choix d'assister aux qualifications du matin, même si on n'est pas en direct... Voilà à quoi cela peut aboutir. Finalement, c'est Carl Lewis et son manager Joe Douglas qui m'ont donné la confirmation de ce que je pressentais : rien n'est inutile, et le moindre de nos efforts peut nous offrir des retombées imprévisibles. Et dans les relations entre deux individus, il existe un très joli mot de la langue française pour définir ce sentiment : le respect. Quand le respect est réciproque, ça donne les plus beaux souvenirs professionnels d'une carrière. Atlanta et Carl Lewis en sont définitivement un.

– 4 –

Profession journaliste

J'ai en mémoire la victoire de Yannick Noah à Roland-Garros en 1983, et surtout ma déception en constatant qu'aucune interview de sortie de match n'était prévue. En le regardant s'éloigner hors du champ des caméras, l'idée m'est venue qu'il y avait un espace à occuper : j'aurais aimé être sur le terrain pour recueillir les premiers mots de Noah, et son émotion, avec son père ou sa mère. Mais à l'époque, je n'étais pas encore dans le circuit. Et c'est ce qui s'est passé par la suite. Même si ma connaissance des langues étrangères m'a beaucoup aidé dès le début, je voulais imprimer un style différent et ne pas être choisi uniquement parce que je me débrouillais en anglais et en espagnol. Je ne suis pas un traducteur – les interprètes m'épatent par leur capacité à traduire en direct du mot à mot, pour ma part je m'attache plutôt à transmettre un ressenti général. Pour définir mon rôle, j'aime l'expression de « passeur d'émotions ». Très vite, je me rêve aussi commentateur, ce que je découvre avec le golf : au début des années quatre-vingt-dix, nous avons sur FR3, comme on dit à l'époque, « L'heure du golf », et j'en suis à la fois le concepteur, le rédacteur en chef, le présentateur et le commentateur. Je fais quasiment l'émission seul ! L'un de mes plus fervents téléspectateurs est le Président François Mitterrand en personne, qui ne manque pas une émission. Jacques Attali m'a raconté que le président lui demandait de lui rappeler « L'heure du golf », et faisait même enregistrer l'émission quand il la manquait. Il paraît qu'en 1991, après trois heures d'une réunion de comité de défense, Mitterrand se lève :

– Nous nous sommes occupés du Golfe, maintenant, on va s'occuper de « L'heure du golf » !

Et tout ce beau monde est allé regarder mon émission. Quel plaisir d'entendre ce genre d'anecdotes !

Dans les années quatre-vingt, le monde du journalisme de sport était majoritairement constitué de gouailleurs, des « forts en gueule ». Dès le début de ma carrière, j'ai opté pour un style plus soft, poli, où je restais maître de mon image, et très attaché à la bienveillance. Je suis convaincu qu'on peut être populaire sans être vulgaire. Et au-delà d'une recherche de popularité, j'ai toujours placé le respect du public en premier, c'est quelque chose qui ne m'a jamais quitté. Aujourd'hui, quasiment toutes les émissions télévisées sont enregistrées. Il ne reste plus que les épreuves sportives pour offrir la qualité du direct, cette spécificité qui permet d'incarner la joie et la fête que le sport symbolise. C'est aussi l'occasion de ressentir « le trac » qui peut m'envahir encore aujourd'hui. Ce n'est pas un trac « paralysant », mais plutôt une sensation positive que j'attribue justement au respect que je porte au public. Pensez à la réponse de Louis Jouvet à une jeune actrice qui lui déclarait « Je n'ai jamais le trac » : « Ne vous inquiétez pas, ma petite, ça viendra avec le talent… » Cela me fait rire, et je trouve ça juste : comment pourrais-je intervenir les mains dans les poches, sans la moindre appréhension, devant plusieurs millions de téléspectateurs ? Ce trac, j'ai appris à le maîtriser, et son contrôle passe notamment par une tenue soignée. On ne s'adresse pas à des millions de personnes en étant négligé ! Je suis très conscient du fait d'être un personnage public, et à ce titre d'être représentatif de mon métier.

J'ai toujours pensé que le sport à la télévision devait apporter une dose de fraîcheur et de légèreté, des moments gais et heureux aux gens. C'est tout ! Il y a suffisamment d'occasions d'être triste ou préoccupé par ailleurs. D'une manière générale, j'ai de très bonnes relations avec les personnes qui m'abordent dans la rue parce qu'elles me reconnaissent. Les sportifs suscitent chez les spectateurs des émotions extraordinairement fortes, et il se trouve que les journalistes sont associés à ces moments heureux, et pour peu qu'ils fassent preuve de ce qu'on appelle « le charisme »… eh bien, on les assimile aux sportifs ! C'est très amusant à observer. Souvent, on me demande : « Comment va Rafa (Nadal) ? » et surtout « Comment va Philippe (Candeloro) ? » ou encore :

– Ah ! Philippe n'est pas avec vous ?

– Non, on ne vit pas ensemble !

Il m'arrive bien de croiser un ou deux grincheux, mais c'est tout de même rare... Et j'ajoute que je suis beaucoup plus « reconnu » et jamais embêté dans des petites villes de province. Tout cela pour souligner que travailler sur le service public, je le répète, c'est aimer les gens, aller vers eux, sinon, il vaut mieux exercer un autre métier. Il est certain qu'on ne peut pas plaire à tout le monde, mais je ne pense pas qu'on puisse me reprocher ma lourdeur ni mon manque de spontanéité ! Ce que l'on peut peut-être me reprocher, c'est de parfois manquer de précision, mais je n'ai pas envie d'assommer les téléspectateurs, je cherche à me mettre « à leur place ».

Par ailleurs, qui sommes-nous pour nous prendre au sérieux ? L'humour est quelque chose de très important pour moi et je ne peux pas concevoir une vie sans humour. Je suis très amateur de ceux qui font jaillir leur joie de vivre à travers un trait de personnalité, un sourire, ou des jeux de mots. Comme j'apprécie cette attitude chez les autres, forcément, je m'y essaie moi-même. Est-ce dû à mes origines anglo-américaines ? En tout cas, je n'ai aucun problème avec l'autodérision ! Il me semble que c'est une des qualités indispensables quand on devient, un peu par la force des choses, une « personnalité médiatique ». J'adore les gens qui en sont pourvus, j'adore ! Malheureusement, ce n'est pas une constante très développée en France, ni chez les hommes politiques, ni chez les sportifs. À quelques rares exceptions, les sportifs n'ont pas du tout cette faculté de rire d'eux-mêmes. Non seulement ils n'ont pas cette forme d'humour mais, pour la plupart, ils ne supportent pas que l'on rie d'eux. Pour ma part, je n'ai aucun problème avec l'humour à mon propos, au contraire. Par exemple, mon surnom le plus récurrent est « Mets-le-son-moins-fort » ! C'est Philippe (Candeloro) qui me l'a attribué et j'adore, parce que, franchement, c'est tellement bien trouvé !

J'ai eu l'avantage d'aborder les Jeux avec une certaine expérience. J'avais la quarantaine lorsque j'ai couvert mes premiers JO à Albertville et à Barcelone en 1992, et le fait de ne pas être arrivé à 25 ans avec les dents qui rayent le parquet (ou la glace) m'a sans doute évité de tomber dans les pièges de la notoriété. De toute façon, ceux qui me connaissent savent que je n'ai jamais été attiré par les sirènes de la célébrité, et le fait d'avoir démarré assez tard dans ce métier a sans doute contribué à me protéger de ce vertige. La télévision n'a jamais été pour moi une obsession, contrairement à tant de feux follets qui s'éteignent avant même d'avoir commencé à briller.

Cette sagesse qu'on m'attribue volontiers est une arme qui m'a servi tout au long de ma carrière, jusqu'à aujourd'hui. Par ailleurs, j'ai la chance de ne pas trop idéaliser les champions. Pour ne pas être déçu, il vaut mieux s'attacher à l'exploit, se focaliser sur la performance. Je le répète souvent à mes étudiants en journalisme : restez sur l'admiration, ne cherchez pas à vous faire des copains, parce que vous iriez au-devant de grandes désillusions. On peut ressentir une énorme admiration pour les performances des athlètes que l'on côtoie, comme j'en ai pour Bolt ou Lewis, mais rien à voir avec la fascination exercée par quelques champions mythiques du passé. Qui me fait rêver ? Ce sont certainement les sportifs que je n'ai pas eu la chance de connaître, mais qui vivent dans l'imaginaire populaire. Les exploits que l'on n'a pas connus sont plus forts que ceux que l'on a suivis, j'en ai vraiment l'intime conviction.

Zone mixte

On me demande souvent ce qui se trame en zone mixte, dans ce lieu accessible aux journalistes pour la tenue des interviews après les épreuves. En fait, il s'agit d'un lieu très réglementé qui suit des consignes implicites bien définies. D'abord, dans la zone mixte, personne d'autre que les athlètes et les journalistes n'est admis. Qui parlera en premier avec l'athlète après une victoire folle ? L'ordre est établi : le diffuseur hôte bénéficie du premier emplacement à la sortie du lieu de compétition, ensuite place à la télévision américaine, puis aux autres grands pays occidentaux, Allemagne, Grande-Bretagne, Italie et France. La plupart du temps, nous sommes entre quatrième et sixième. Pourtant, quand les téléspectateurs regardent le déroulement des épreuves, ils ont le sentiment que les sportifs se présentent chez nous en premier ! En fait, nous meublons avec des ralentis ou des extraits d'autres épreuves en attendant qu'ils arrivent jusqu'à nous, le téléspectateur pense donc que c'est assez rapide. Les choses sont un peu différentes quand un Français se distingue dans une épreuve. Par exemple, si Lavillenie termine premier ou deuxième au saut à la perche, une sorte d'accord tacite est passé avec les autres chaînes et le champion vient chez nous en priorité. Bien sûr, tout dépend de la bonne volonté de chacun mais, pour ma part, j'ai évidemment toujours privilégié ces arrangements.

Quels que soient sa nationalité, son sexe, la discipline qu'il pratique, l'athlète vient à la rencontre des journalistes avec une certaine méfiance. À partir de là, c'est à nous de jouer. La responsabilité du journaliste est d'amener cette personne à baisser sa garde. Le premier contact, avant même la première question, donne des indications précieuses. L'interlocuteur sent autant que vous si l'interview se présente bien. Avec les sportifs timides, nous essayons d'être rassurants, pour qu'ils deviennent ce qu'on appelle dans notre jargon de « bons clients ». Prenons par exemple Richard Gasquet : au début de sa carrière, le jeune tennisman était d'une timidité confondante. Pour couronner le tout, il parlait avec un accent biterrois à couper au couteau ! Il a beaucoup évolué depuis. Avec Bolt, en revanche, je n'ai jamais eu le moindre problème. Avec Lavillenie, c'est parfois un peu plus délicat. Pourtant, il sait que je l'aime beaucoup et que je ne lui tendrai aucun piège, mais ça n'empêche pas qu'il soit plus compliqué à cerner. J'avais la même sensation avec Marie-Jo Pérec à l'époque… En interview, parfois, on tombe sur des sportifs avec qui tout se passe bien, mais avec qui ça n'ira jamais au-delà : rien ne dépasse, tout est lisse, ils ne s'autorisent aucune spontanéité. Voyez Roger Federer, c'est un as de la communication, avec lui, on n'entend jamais un mot plus haut que l'autre. Je ne conteste évidemment pas ses qualités extraordinaires, c'est l'un des plus grands tennismen de tous les temps ! Mais il faut le reconnaître, de plus en plus de champions semblent très « calibrés » pour répondre en deux ou trois minutes, et Federer en fait assurément partie.

Se pose bien sûr la question de notre place de journaliste dans ces moments si précieux de la vie des athlètes. Vous souvenez-vous de ces images, à Helsinki en 1952, de la victoire de Jean Boiteux, le premier nageur français champion olympique ? Du haut de ses 19 ans, le garçon vient de pulvériser le record olympique du 400 m. La course à peine terminée, son père Gaston, ivre de bonheur, bouscule les officiels pour se jeter à l'eau, tout habillé et un béret basque vissé sur la tête. Il veut être le premier à le congratuler ! La photo paraîtra dans les journaux du monde entier, et cette image symbolise tout ce qu'on aime dans les Jeux olympiques. Avec cette anecdote, on pense forcément à Laure Manaudou aux Jeux de Londres 2012, qui a franchi toutes les barrières pour se jeter dans les bras de son frère Florent lors de sa victoire au 50 m. Quelle émotion !

Lors de ces mêmes Jeux de Londres 2012, il me vient en tête le relais 4 × 100 m nage libre, Fabien Gilot, Amaury Leveaux, Clément Lefert et Yannick Agnel, une équipe de relais avec qui j'entretiens des relations très amicales. D'ailleurs, j'aime encore aujourd'hui profondément ces quatre garçons. Il se trouve que cette épreuve du relais 4 × 100 m libre messieurs sera la plus suivie de toutes les épreuves des Jeux de Londres en France. Dans les pronostics, je me souviens que les États-Unis étaient les grands favoris, alors que la France n'était attendue qu'entre la troisième et la cinquième place. La troisième place aurait été très bien et là... Lors du dernier relais, Yannick Agnel fait la plus grande course de sa vie, un exploit tactiquement extraordinaire ! Amaury Leveaux, pour son premier 100 m, flirte avec le record d'Europe.

Il y a surtout un passage de relais qui est à 0 s 0/100, il me semble que c'est entre Gilot et Lefert ! Là, ils ont pris tous les risques, ils ne pouvaient pas « assurer », au risque d'être disqualifiés. Ce soir-là, plus de 10 millions de téléspectateurs étaient devant leur écran. Et je devinais que les gens hurlaient, se levaient devant leurs postes de télévision comme lors d'une séance de tirs au but, alors qu'en natation c'est plus rare. Moi-même, je crois que rarement j'ai été aussi heureux dans une enceinte sportive. La télévision allemande m'a filmé à mon insu alors que j'étais dans la zone mixte, notamment lors du dernier relais de Yannick. Et j'étais comme fou d'enthousiasme ; je sais qu'il faut garder sa neutralité journalistique, mais jusqu'à un certain point ! Je conserve gravée dans ma mémoire l'image de ces quatre garçons qui sortent de l'eau, le visage rayonnant. Encore aujourd'hui, ils savent que cette victoire partagée est un bonheur multiplié par quatre. Ils se présenteront deux fois à mon micro, la première juste à la fin de leur course, ils exultent, ils sont inondés de bonheur, c'est le plus beau moment de leur vie ! Et quand ils reviennent après la remise des médailles sur le podium, Yannick Agnel me souffle à l'oreille : « Tu es comme notre cinquième relayeur… » Honnêtement, avec une remarque comme celle-là, je me dis que le métier que je fais en vaut la peine !

Par la force des choses, je suis très souvent la première personne à qui parlent des champions olympiques. Au sortir des bassins, des pistes d'athlétisme, que sais-je ? Parfois, j'en suis presque gêné, une vague sensation de « voler l'instant » me traverse. Et cela même lorsque mes rapports avec les athlètes sont très amicaux, comme avec Yannick Agnel ou Amaury Leveaux, car je ne suis tout de même ni leur père ni leur frère… D'ailleurs, ceci vaut quelle que soit l'émotion de l'athlète. En cas de défaite, qui mieux qu'un parent peut réconforter ? À défaut, cela m'est arrivé, plus d'une fois, de devoir endosser cette casquette de consolateur. Or dans cette circonstance, il faut faire preuve de doigté et de délicatesse… Toujours est-il qu'il me paraîtrait compréhensible qu'un membre de la famille proche puisse être admis dans cette zone mixte. Et moi, ça ne me dérangerait pas du tout qu'il soit le premier à embrasser le vainqueur. Bien au contraire. Je me souviens d'Usain Bolt, à Rio en 2016, qui s'est dirigé vers son coach pour l'embrasser. Certains de mes collègues se sont écriés : « C'est scandaleux… » Non, ce n'est pas scandaleux, c'est simplement humain !

N'oubliez pas que, dans la zone mixte, seuls les athlètes sont admis. Ni les entraîneurs, ni les coachs et encore moins les agents n'ont leur place. En revanche, ces derniers savent tout ce qu'il s'y passe ! S'ils ne sont pas là physiquement, ils sont présents d'une manière ou d'une autre… Je pense à Marin Čilić, un Croate qui fait partie des quatre ou cinq meilleurs joueurs de tennis du monde. Alors qu'il termine un match de la coupe Davis en battant Gasquet en trois sets, je m'avance vers lui à la sortie du terrain. Il me dit :

– Non, désolé, mais je ne réponds pas à la télévision française. Vous avez dit quelque chose de très désobligeant sur moi.

– Mais ce n'est pas moi qui ai commenté le match !

Et quand bien même ! Le match est terminé depuis moins d'une minute : comment pourrait-il savoir que le commentateur français a fait preuve d'un peu d'indélicatesse dans ses commentaires ? En fait, son coach lui a rapidement soufflé, depuis le bord du terrain, de ne pas répondre à mes questions… C'est aussi ça, le jeu…

Sur cette influence des coachs sportifs, il me revient en mémoire cette anecdote avec Nadia Comaneci, la jeune gymnaste roumaine qui, du haut de ses 14 ans, a remporté trois médailles d'or à Montréal en 1976 et marqué les esprits en s'offrant trois fois de suite la note de 10 sur 10. Nous sommes face à une athlète totalement inoubliable. On l'appelait « la petite qui ne souriait jamais », en référence au roman de Lola Lafon. Peu d'athlètes ont marqué à ce point leur discipline de leur empreinte. Ses performances étaient absolument magnifiques mais, malheureusement, elles ont donné lieu à une récupération inimaginable par les autorités roumaines. Encore une fois, en dépit de mon immense admiration pour la gymnaste, j'en ai moins pour l'encadrement de ses exploits. J'ai eu l'occasion de la rencontrer bien après la fin de sa carrière.

Une fois, à Roland-Garros en 2018, lorsque la joueuse de tennis Simona Halep remporte le tournoi, je me dirige droit vers Comaneci, assise au premier rang des supporters de la championne, une Roumaine pour une Roumaine. Nadia parle parfaitement anglais, avec un fort accent texan.

– Alors c'est formidable, une de vos compatriotes…

– Je ne peux pas répondre, il faut d'abord que je demande à Ţiriac !

Et elle n'a pas répondu. « Mais enfin, elle peut tout de même s'exprimer ! » me suis-je dit. Mais, quarante ans après les Jeux de Montréal, trente ans après la chute de Ceauşescu, elle est toujours sous influence ou sous contrôle. Finalement, elle reviendra me voir vingt minutes plus tard, toute penaude.

– M. Ţiriac est d'accord.

– Oui, le seul problème, c'est que nous avons rendu l'antenne !

– 5 –

Mes JO : Sydney 2000

À Sydney, la fête promet d'être totale. Les derniers Jeux du pays s'étaient tenus en 1956 à Melbourne et ressemblaient déjà à une célébration joyeuse, mais, à ce changement de siècle, la magnifique Sydney allait porter le flambeau de l'olympisme à un tout autre niveau, avec 199 pays participants et 10 651 athlètes. Peut-être à cause de leur passé historique, il est vrai que les Australiens ont une forme de rudesse. Mais ce peuple a su la mettre en retrait pour accueillir les Jeux et faire ressortir leur plus belle qualité : une extraordinaire jovialité. Les « *belly berrys* », comme on les appelle (à cause de leurs ventres bedonnants qu'ils doivent à l'absorption de quantité énorme de bière), sont pour autant un peuple de sport : à l'époque, l'Australie est le pays qui compte la plus forte proportion de pratiquants, avec 6,5 millions d'inscrits pour 19 millions d'habitants ! Dès sa nomination, la ville a bénéficié d'un large soutien de la population, des entreprises et des médias locaux. Ce n'est pas toujours le cas, il y a même très souvent de sérieuses oppositions internes, des habitants ou des divergences politiques. À Sydney, c'était une totale adhésion. Un régal. Solidarité, complicité, fair-play et plaisir… De quoi se réconcilier avec ce qui nous fait aimer le sport.

Des Jeux bien verts

Ces olympiades seront les premières du XXIe siècle, et cela se sent ! Pour la première fois, un pays hôte intègre un volet écologique dans son dossier de candidature, ce qui vaut à cette édition le surnom de « *Green Games* ». Deux écoquartiers flambant neufs sont construits dans une zone abandonnée de la ville. Aujourd'hui, le village olympique de Newington s'est transformé en un paisible quartier urbain qui fonctionne essentiellement à l'énergie solaire. Par ailleurs, les Australiens ont mis fortement l'accent sur la réduction de l'impact environnemental généré par l'événement, notamment en utilisant des matériaux durables pour les constructions et en intégrant les économies d'énergie et d'eau dès leur conception. En plus de ces bienfaits environnementaux, les sites construits pour les Jeux – comme le stade olympique – sont toujours en service aujourd'hui et offrent à Sydney un héritage durable à long terme. Ce concept de « planification de l'héritage » des installations olympiques paraît aujourd'hui frappé au coin du bon sens, mais c'était loin d'être le cas il y a vingt ans ! Et en ce qui concerne les journalistes, nous avions un accès total au village olympique. Je n'ai jamais vu ça, ni avant, ni depuis. Je me souviens de Jeux totalement ouverts, libres, souriants, sympathiques et décontractés.

Point d'orgue de la cérémonie d'ouverture, magnifique, John Williamson, un chanteur qui est à l'Australie ce que Sinatra est aux États-Unis, entonne le célébrissime *Waltzing Matilda* devant 110 000 spectateurs émus aux larmes. Soudain, il se tait, et les 110 000 voix reprennent la chanson en chœur… Je frissonne encore en y repensant ! C'est l'une des plus grandes et des plus belles cérémonies auxquelles j'ai assisté.

À Sydney, la dernière porteuse de la flamme, celle qui aura l'honneur d'allumer la vasque olympique, sera l'athlète aborigène Cathy Freeman, mais je n'en sais encore rien. Car l'identité du dernier porteur est toujours un secret bien gardé ! Et même cette fois-là, alors que je commente la cérémonie d'ouverture, l'information ne m'est pas parvenue. En dépit de quelques indiscrétions, des bruits de couloir ou des rumeurs, personne (à ma connaissance) ne connaît son identité jusqu'à la dernière minute. Toujours est-il que ce choix apporte son lot d'émotions et de symboles : la volonté de réconciliation avec la population aborigène. D'ailleurs, la même Cathy Freeman s'impose, dix jours plus tard, en finale du 400 m, devant une foule bouillonnante, et devient la première athlète ayant allumé la flamme olympique à remporter une médaille d'or dans les mêmes Jeux. L'avant-dernière porteuse de la flamme est une jeune femme qui a perdu ses parents dans un accident et qui élève seule ses cinq frères et sœurs sans moyens particuliers. Elle est aussi très investie dans différents programmes d'éducation. Bref, une « anonyme », mais qui a totalement sa place de porteuse ! Pourtant, quand un membre du Comité olympique australien découvre ce choix, il s'écrie : « Qui est donc cette personne ? Ce n'est pas elle qui doit porter l'avant-dernière flamme, c'est ma fille. » Naturellement, les médias australiens s'emparent de l'anecdote et dénoncent cette polémique. La sauce monte tant et si bien que cet honneur est laissé à la jeune orpheline. Mais que penser de cette anecdote ? Savoir qu'un membre du Comité olympique a eu l'intention de placer sa fille dans les porteurs laisse penser que le symbole du flambeau olympique et de ses porteurs s'est singulièrement dégradé aussi.

« La gazelle » prend la fuite

De ces Jeux, je me souviens surtout du fameux duel attendu entre Cathy Freeman et Marie-Jo Pérec au 400 m féminin. Je ne suis pas le seul : cette course était attendue par tout un peuple. Pourtant, la confrontation n'aura pas lieu : la Française quitte le pays juste avant les premières séries du 400 m. Sa fuite rocambolesque restera pour beaucoup une énigme... Et quelle déception pour la France quand le nom de Marie-Jo apparaît sur le tableau de résultats du stade olympique avec la mention « DNS » (*did not start*) !

Comment a-t-elle vécu la consécration de Freeman lors de la cérémonie ? A-t-elle été submergée par la force du symbole représenté par la jeune Aborigène ? A-t-elle refusé de se mesurer à l'hostilité d'un public tout acquis à Freeman ? A-t-elle craint d'être assassinée ?

Je n'ai jamais eu le fin mot de l'histoire, mais voilà quelques bribes de ce que j'ai appris. Il faut savoir que Marie-Jo ne loge pas au village olympique, arguant du fait qu'un tel site ne lui offre pas le calme et la concentration dont elle a besoin. Mais, par malchance, l'hôtel où elle a trouvé refuge est repéré par les journalistes... et la voilà cloîtrée dans celui-ci. Victime de menaces, selon ses dires, elle décide de partir et de ne pas se présenter à l'épreuve tant attendue. Pourtant, les Français ont bien essayé de la rattraper ! La ministre des Sports Marie-George Buffet, et je crois même Jacques Chirac, alors président de la République, lui ont téléphoné pour lui demander de faire demi-tour. Mais il n'y a rien eu à faire... Quel regret !

Un jour, j'en ai parlé avec son compagnon, Sébastien Foucras, qui est aussi volubile qu'elle peut être sur la défensive. Il m'a répondu :

– Je ne peux rien raconter, j'ai juré une fois pour toutes à Marie-Jo. Tout ce que je peux dire, c'est qu'elle a eu peur.

Tout le reste fait maintenant partie du passé. Toutes les rumeurs qui sont nées ensuite, comme des histoires d'ombres se baladant dans l'hôtel, je n'y crois pas une seconde.

Marie-Jo Pérec, déjà trois fois médaillée d'or au cours des précédentes éditions, n'avait jamais été aussi performante qu'à la veille de Sydney 2000. En matière de gestuelle, le surnom de « gazelle » dont elle a été auréolée est extrêmement bien trouvé. La regarder courir est un enchantement. Pour se préparer, elle a choisi Rostock, une ville au nord de l'Allemagne, un endroit peu accueillant où elle s'est entraînée d'arrache-pied pendant huit mois ! Tous ses temps de passage au 400 m sont alors très largement inférieurs à ceux de Freeman, qu'elle a devancée quatre ans plus tôt à Atlanta sur cette épreuve, en s'offrant au passage un record du monde. Or si l'on ne peut rien prédire concernant le 100 m, le 400 m est probablement l'épreuve qui procure le moins de surprises, puisque même les plus mauvais départs sont rattrapables. Cette épreuve du « tour de piste » est d'ailleurs une course que j'adore. Quel dommage en tout cas que cet abandon de poste ! Alors qu'elle a été une athlète merveilleuse, qui a fait rêver et suscité l'admiration du monde entier, trop de personnes ne se souviennent que de sa fuite. C'est un peu le même cas de figure que pour Zinedine Zidane, avec son coup de tête en finale de la Coupe du monde qui a terni sa glorieuse carrière.

J'entends souvent dire : « On ne peut pas savoir ce qui serait arrivé si elle était restée… » En ce qui me concerne, je sais parfaitement ce qui se serait produit : Pérec aurait largement remporté cette course, Freeman aurait obtenu la médaille d'argent, et il ne serait rien arrivé. Je connais Marie-Jo Pérec depuis le début de sa carrière. Elle était encore très jeune lors des Jeux de Barcelone, mais j'ai tout de suite senti que son caractère n'était pas des plus faciles. C'était une jeune femme très souvent sur ses gardes : au départ, c'était de la timidité qui s'est transformée en méfiance vis-à-vis des médias en général. Je me souviens d'une conférence de presse où elle a répondu à un journaliste du *Figaro* :

– N'oublie pas que c'est grâce à moi que tu manges !

Avec moi, le contact se passait plutôt mieux qu'avec les autres représentants des médias. Je savais comment la prendre. Comme je connaissais son attachement à sa grand-mère, je n'hésitais pas à la rassurer en lui glissant :

– Marie-Jo, je pense que votre grand-mère doit être fière de vous !

Et là, c'était un magnifique sourire qui illuminait son visage. Marie-Jo a désormais beaucoup plus de maturité, elle est maman, elle est mariée avec Sébastien Foucras, un garçon très bien, ancien médaillé d'argent aux JO d'hiver en ski acrobatique. Ils forment un couple tout à fait sympathique. Nous sommes toujours contents de nous retrouver quand l'occasion se présente.

Pérec absente, Marion Jones sera l'une des vedettes de Sydney avec ses trois médailles d'or et ses deux médailles de bronze. Pourtant, ses rivales et le monde de l'athlétisme se posent bien des questions à son sujet. Cette année-là, l'époux de Marion Jones, lanceur du poids, est contrôlé positif à la nandrolone. Leur mariage n'y survit pas. Puis le scandale Balco éclate, du nom d'un laboratoire américain qui avait fourni des produits interdits à plusieurs athlètes américains. Finalement, elle confiera en 2007 s'être dopée de 1999 à 2002 et ses cinq médailles olympiques lui seront retirées. Elles restent d'ailleurs non attribuées. La confession émouvante de cette mère de famille devant les médias internationaux aura le mérite de faire comprendre qu'il est préférable de perdre une médaille que de mettre en danger sa santé. Condamnée pour parjure, Marion Jones passe six mois de sa vie en prison avant de retrouver sa liberté et devenir coach sportif à Austin, Texas. Déchue de son palmarès, vie de famille très compliquée, incarcération, ruine, l'athlète a connu la lumière la plus éclatante et la chute la plus brutale. Le nom de Marion Jones évoque aujourd'hui l'une des plus grandes affaires de dopage. Sans cautionner la conduite de ces sportifs, je suis toujours un peu gêné par les scandales associés au dopage. Bizarrement, ce sont les mêmes médias qui portent au pinacle les athlètes puis les laminent et les assassinent en meute ! C'est pourquoi, fidèle à ce principe, en dehors de quelques exceptions comme Mohamed Ali et peut-être Lewis ou Owens, parmi les dizaines et dizaines de sportifs déjà cités, je ne suis pas adepte des dithyrambes. Tout cela reste du sport, et je me sens très mal à l'aise pour encenser et encore plus pour conspuer. Qu'on ne compte pas sur moi pour cela : je ne hurlerai jamais avec les loups. Est-ce que Marion Jones était la seule athlète dopée ? La réponse se trouve peut-être dans le fait que les médailles d'or n'ont pas été réattribuées... Si on était sûr que les autres athlètes n'étaient pas dopées, pourquoi n'a-t-on pas récompensé la deuxième ?

Au-delà de cette triste affaire, les Jeux australiens ont connu des moments mémorables. Comment oublier la participation d'Éric Moussambani avec son antirecord de 1 min 52 s au 100 m nage libre ? C'est sans conteste l'un des moments les plus touchants de l'histoire des JO. Le nageur de Guinée équatoriale avait appris à nager seulement huit mois auparavant et évoluait pour la première fois dans un bassin olympique ! Je me souviens de ce garçon, seul dans l'eau, ses deux adversaires ayant été éliminés pour faux départ... S'il y avait eu d'autres nageurs, les caméras se seraient braquées sur le premier ou le deuxième le temps qu'il arrive, et il serait passé inaperçu. « Les médias relevèrent le caractère incongru de sa performance, tout en applaudissant son courage, perçu comme un symbole de l'esprit olympique », l'explique l'édition du *Times* du 9 septembre 2000. Bien sûr, le monde entier a trouvé ça fort drôle, sauf la délégation de Guinée équatoriale, qui a considéré que c'était insultant. Malheureusement l'échec retombe souvent sur la tête des héros « à l'envers ». Pour Éric Moussambani, les lendemains ont été plus compliqués. Je crois que le retour du nageur au pays n'a absolument pas été fêté comme cela aurait dû l'être. N'oublions pas que, bien souvent, ces athlètes qui sont en réalité de grands débutants sont envoyés aux Jeux non pas par amour du sport, mais simplement parce qu'ils permettent aux dirigeants de faire partie du voyage. Espérons que l'ovation du public australien qui scandait son prénom lors de la cérémonie de médailles lui aura été d'un grand réconfort.

Dans le grand bassin de Sydney, les épreuves sont dominées par l'Australien Ian Thorpe, qui obtient trois médailles d'or et deux de bronze. Thorpe – qui est surnommé « *Torpedo* », « la torpille » – est un garçon plus tourmenté qu'on ne le croit, très timide, pas tout à fait conscient de ce qu'il représente pour le peuple australien. J'adore son accent à couper au couteau associé à cette belle humilité ! Le nageur a eu une vie très romanesque. Les femmes étaient folles de lui, mais il fera son coming out juste après les Jeux, ce qui demande un énorme courage. L'année suivante, il a un coup de chance extraordinaire : le 11 septembre 2001, alors qu'il est de passage à New York, son sponsor l'invite à visiter le World Trade Center. Thorpe accepte, le rendez-vous est pris, mais, au dernier moment, le jeune homme décide de repasser à son hôtel pour récupérer son appareil photo… et assiste, à la télévision, aux images des deux Boeing 767 qui s'écrasent sur les tours jumelles.

Avec ces JO, l'Australie se fera une formidable publicité, car ces Jeux écologiques et amicaux frôlent la perfection. Le feu d'artifice final part du stade olympique d'Homebush pour gagner le centre-ville et illumine le Harbour Bridge et l'Opéra. Je n'ai jamais vu de feu d'artifice aussi long ! Spectacle fabuleux qui illustre magnifiquement ces Jeux lumineux. Pour ma part, lorsque je quitte Sydney après seize jours de scènes mémorables et de performances extraordinaires, il me vient une phrase prononcée par le général MacArthur durant la Seconde Guerre mondiale aux Philippines : « *I shall return.* »

– 6 –

Les Jeux dans l'Histoire

Les Jeux olympiques, cette manifestation planétaire qui ponctue l'Histoire tous les quatre ans, sont aussi le reflet des aspirations sociétales du moment. Marqueurs d'une époque, ils révèlent d'une édition à l'autre l'évolution des mœurs et celle de pratiques qui semblent aujourd'hui inconcevables. Imaginez un peu ! À Saint-Louis en 1904, des compétitions « spéciales » appelées « journées anthropologiques » étaient organisées pour mesurer les capacités physiques de ceux que l'Amérique ségrégationniste qualifiait de « races inférieures »... Au-delà de l'aspect purement raciste, les personnes se présentent sans avoir pris part à aucun entraînement : ces pratiques vont bien à l'encontre des idéaux olympiques ! Car si les Jeux offrent tous les quatre ans une parenthèse, une respiration bienvenue au sein de l'actualité internationale et de la politique, cette bulle n'est toutefois pas imperméable. Malgré l'esprit universel qu'on voulait y voir présider, les Jeux n'échappent malheureusement pas à la montée des idéologies racistes du début du XXe siècle – très peu d'étrangers participent à ces Jeux de Saint-Louis, et la plupart résident d'ailleurs aux États-Unis. En même temps, il faut compter onze jours de bateau à vapeur et quarante heures de train pour rallier ces champs de coton perdus au milieu de l'Amérique ! On peut comprendre qu'aucun Anglais ni aucun Français ne se lance dans ce grand voyage… Le coût d'organisation des Jeux est élevé, certes, mais celui supporté par les athlètes pour arriver à destination est prohibitif pour ceux qui ne font pas partie de l'élite sociale. C'est pourquoi, en 1904, la plupart des participants américains sont originaires des grandes universités et viennent de familles très aisées – on est loin de l'esprit olympique, et de l'ouverture à toutes les classes sociales. Une tenue habillée s'impose pour assister à ces rencontres, et les spectateurs mâles de l'époque se parent de leur plus belle cravate et sont coiffés d'un canotier. Ce n'est que des années plus tard que cette conception évolue, avec la participation de quelques athlètes noirs américains davantage issus des fameux champs de coton que de prestigieuses universités. Dès lors, il n'y aura pas de marche arrière. L'évolution aura lieu sur la piste, mais également sur les gradins. En attendant, cet élitisme est toujours d'actualité quatre ans plus tard, à Londres en 1908. Le roi Édouard VII, grand amateur de sport, avait été nommé juge dans de nombreuses disciplines, et tout avait été organisé en fonction de la famille royale et de ses membres plus ou moins éloignés. Toutes les cérémonies et remises de médailles étaient présidées par les membres de la *royal family,* et les horaires des compétitions étaient établis en fonction de leur emploi du temps. D'ailleurs, c'est à cette époque qu'a été initiée la remise des trophées par les membres de la famille royale, qui est devenue une tradition au Royaume-Uni.

Berlin 1936, une amitié

Quoi qu'il en soit, les Jeux sont toujours liés à l'Histoire. Parfois, ils offrent un moyen d'échapper à un contexte pesant, comme à Los Angeles, en 1932, à peine trois ans après l'effondrement de la Bourse de 1929. D'autres fois, comme en 1936 à Berlin, ils sont le terrible reflet de l'actualité. Il y a tant à dire sur ces olympiades souvent surnommées « Jeux de la honte » ! La capitale allemande avait déjà été désignée comme pays organisateur en 1916, mais les Jeux avaient été annulés en raison de la Première Guerre mondiale. L'Allemagne est ensuite suspendue pour les Jeux de 1920 et de 1924. Finalement, quand en 1931 le CIO choisit d'attribuer les prochains Jeux à Berlin, c'était sous la bannière de la pacification. Il semblait que le délai ait été suffisant après la Première Guerre mondiale. Les Jeux devenaient le symbole de la réconciliation. Malheureusement, c'est l'inverse qui allait se produire… Et les Jeux de 1936 seront essentiellement organisés par Adolf Hitler pour assurer sa propagande. Nous sommes à l'exact opposé de toutes les autres expériences olympiques fondées sur l'échange, la paix et l'harmonie entre les peuples. Pour le Führer, ces olympiades représentent l'opportunité de démontrer la domination et la suprématie du peuple allemand. La ville de Berlin noie le drapeau aux cinq anneaux sous des milliers de banderoles, de bannières, d'oriflammes et de fanions ornés de la tristement célèbre croix gammée, emblème du nouveau régime nazi. Pendant toute la quinzaine, les bras se tendent dès que se font entendre de manière répétée les hymnes allemand et nazi.

De nos jours, dans le stade olympique de Berlin, presque rien n'a bougé ! Comme pour garder une trace de ce souvenir historique, de nombreuses photos sont encadrées sur les murs de l'entrée, à l'endroit même où est arrivé Hitler. Le stade d'entraînement, juste à côté, est construit dans un béton prêt à perdurer mille ans, comme devait survivre le IIIe Reich. Le stade olympique de Berlin est d'ailleurs le dernier vestige nazi de la ville. Il a été rénové pour la Coupe du monde de 2006, ce qui a donné lieu à un débat : fallait-il détruire le stade ou le garder ? Le gouvernement allemand a décidé de le moderniser en y ajoutant un toit qui n'existait pas.

Avec 89 médailles, dont 33 en or, l'équipe du Reich monte sur la première marche du podium devant les

États-Unis, pays pourtant invaincu depuis les premiers Jeux de 1896. Ce résultat est le fruit d'une préparation sportive minutieuse : les meilleurs sportifs deviennent « athlètes d'État » avec une préparation mise au point par des médecins allemands qui semble-t-il avaient déjà recours aux méthodes de « doping ». C'est aussi le fruit de choix stratégiques, car les Allemands ont misé sur les épreuves où leurs concurrents sont plus faibles comme la gymnastique, l'haltérophilie, les lancers ou l'équitation militaire. En bref, Hitler pensait avoir tout prévu pour servir sa propagande. Comment aurait-il pu imaginer qu'un Noir américain anéantirait ses plans de voir l'Allemagne triomphante ?

Et c'est pourtant ce qui s'est produit. Jesse Owens a fait enrager le Führer en remportant quatre médailles d'or à la barbe des théoriciens nazis : le 100 m, le 200 m, le 4 × 100 m et le saut en longueur. Je me suis intéressé à cette histoire, j'ai notamment beaucoup enquêté sur la fameuse étreinte d'Owens et de Carl Ludwig Long dit « Luz », et je crois pouvoir raconter l'histoire telle qu'elle s'est passée. Tout d'abord, rien ne prédestinait Jesse Owens, petit-fils d'esclave noir américain, à atteindre une telle renommée. L'événement a dépassé sa propre personnalité. Même s'il l'est devenu par la suite, Jesse Owens ne se présentait pas, alors, comme un militant de la « cause noire ». Simplement un homme qui savait courir vite – les enjeux internationaux lui étaient étrangers. Cette absence totale de pression, qui pesait davantage sur les épaules des sprinteurs et sauteurs allemands que sur les Américains et *a fortiori*, sur les Noirs américains, a fait qu'il s'est totalement libéré.

Sur les quatre épreuves auxquelles Owens participait pour ces olympiades, le saut en longueur lui posait le plus de difficultés. Il se trouve qu'au concours de qualification Owens a « mordu » ses deux premiers essais et là, que voit-on ? Stupéfaction générale ! Luz Long, un jeune Aryen, blond et riche, suggère à Owens, petit-fils d'esclave, noir et pauvre :

– Vous devriez reculer un peu vos marques pour passer !

Est-ce grâce au conseil de son adversaire allemand que Jesse passe les qualifications ? En tout cas, les voilà tous les deux en compétition pour la finale. Un combat au coude à coude avec 7,94 m et 7,97 m… À un moment, Long prend la tête du concours, Owens réplique et le devance, puis, au dernier essai, il atteint les 8,06 m et remporte donc assez aisément ce concours. Et nous y sommes, à la fameuse scène de l'accolade ! Regardez-les s'enlacer, ces deux garçons que tout oppose, et dont le contexte voudrait qu'ils se haïssent… En voyant le dernier saut de son rival, Long se précipite pour le féliciter et l'étreindre. Il se trouve que si Hitler n'a pas assisté à toutes les épreuves des JO, il est bien présent pour celle-ci. Autant dire qu'il est furieux du double affront : d'une part, la victoire d'un jeune Noir américain, de l'autre, une amitié non réglementaire affichée aux yeux de tous. Le Führer quitte le stade aussitôt. Cette scène d'accolade a été très peu diffusée : comme on s'en doute, elle ne correspondait pas à l'idéal aryen. Alors quelle est la suite ? Long a été blacklisté et Rudolph Hess, chef du parti nazi, lui a passé un énorme savon. Après une courte période où il est avocat à Hambourg, le jeune homme part à la guerre et meurt à l'âge de 30 ans en Italie, lors du débarquement de Sicile en 1943. Peu de temps avant sa mort, Long écrit à Owens, pressentant sans doute que ce sera sa dernière lettre : « Si un jour vous retournez en Allemagne, dites à mon fils, qui est tout bébé évidemment, que son père était quelqu'un de bien. » Il devait sentir le danger palpable en Sicile. C'est tellement émouvant… Luz Long, homme instruit, d'un milieu privilégié, se rendait compte des risques insensés qu'il prenait davantage qu'Owens. Aujourd'hui, tout le monde se souvient de ce dernier, et l'on a quasiment oublié le courageux athlète allemand. Je pense pourtant qu'ils ne peuvent pas être dissociés, et l'oubli dans lequel est tombé Long me rend profondément triste. Voilà en ce qui concerne l'une des plus belles histoires olympiques que je connaisse, une très grande histoire de sport et d'amitié. J'aurais aimé rencontrer Luz Long, il avait un regard d'une gentillesse, d'une intelligence, d'une profondeur… C'était un homme Majuscule, j'aime bien cette expression, « un homme Majuscule ».

Il ne faut pas négliger le fait que le racisme avait sa place au sein même de la délégation américaine. Dans ses mémoires, Owens a écrit que c'était la première fois, au village olympique en la circonstance, qu'il pouvait partager un repas avec les athlètes blancs américains. On a tendance à l'oublier, mais c'est pourtant très important : l'émancipation des Noirs américains doit beaucoup à cet exploit historique. Owens a donc bénéficié pendant très longtemps de cette aura extraordinaire, même si les héros olympiques sont souvent vite oubliés. *A fortiori* quand il s'agit d'athlétisme, une discipline qui n'est jamais que le trentième sport le plus suivi aux États-Unis – les fléchettes ou le tir à l'arc étant davantage appréciés par les Américains… Si les athlètes connaissent une heure de gloire au cours de « *the Olympics* », comme les appellent les Américains, une fois leur carrière achevée, ils retombent le plus souvent dans un anonymat total.

Les exploits d'Owens relèguent au second plan toutes les autres performances de ces Jeux qui bénéficieront d'un immense succès populaire avec plus de 3 millions de spectateurs ! Et c'est pour cela que ces JO de Berlin rejoignent l'histoire du sport, mais aussi l'Histoire tout court. Il faut rappeler leur parfaite organisation et le fait qu'ils ont été le théâtre de nombreuses innovations, dont l'emploi d'un chronométrage plus précis et l'organisation du premier relais de la flamme olympique. Ce sont surtout les premiers Jeux télévisés, diffusés en circuit fermé pour 160 000 privilégiés du Reich et sur de larges écrans répartis dans la ville ainsi que dans les salles de cinéma d'Allemagne et d'Europe.

Les ambitions hégémoniques d'Adolf Hitler mettent définitivement un terme aux espoirs pacifistes du CIO. Le 1er septembre 1939, l'invasion soudaine de la Pologne par la Wehrmacht donne le signal de la Seconde Guerre mondiale. Nouveau cataclysme. Les Jeux de 1940 n'auront évidemment pas lieu. L'histoire se répète ; cette trêve olympique, à nouveau imposée par la cruauté des hommes, est longue. Quand la famille se retrouve en 1948, la Seconde Guerre mondiale aura fait plus de 50 millions de morts à travers le monde.

Une évidence éclate aux yeux de tous : le CIO, malgré son souci constant de se tenir à l'écart des décisions politiques, n'a pu imposer sa doctrine de fraternité par le sport. Et pourtant, une fois de plus, malgré ce nouveau cataclysme, les Jeux vont renaître à Londres des cendres causées par la guerre. Mais il faudra attendre douze longues années…

Après la guerre, jamais autant de villes ne se sont portées candidates à l'organisation des Jeux. Baltimore, Los Angeles, Minneapolis, Philadelphie et Lausanne, toutes voulaient accueillir ces JO en symbole de paix. Mais c'est Londres qui sera choisie. Organiser les Jeux dans le pays qui a le plus résisté aux nazis, dans une ville qui représentait l'espoir et la résistance durant les années les plus noires, est porteur d'un message fort. On ne pouvait espérer de meilleur choix.

Londres, les Jeux du renouveau

C'est donc au cœur d'une Europe exsangue qu'ont lieu ces Jeux de 1948 qui, bien que contraints par une réduction drastique des budgets, connaissent un énorme succès, douze ans après la précédente édition. Toutefois, plusieurs voix s'élèvent pour dénoncer l'organisation de ces Jeux ; la ville de Londres, en pleine reconstruction, n'a pas fini de panser les plaies infligées par les bombardements du Blitz allemand et le pays est cruellement marqué par les stigmates de la guerre. La population londonienne est toujours soumise aux bons de rationnement et les matières premières manquent. Une partie de la presse anglaise juge inacceptable que, dans un tel contexte, la charge d'un événement si colossal soit une priorité pour le gouvernement de George VI. Les Anglais font de sérieux efforts pour accueillir ces Jeux, mais cela cache bien des privations. En raison de l'austérité, aucune installation sportive n'est construite pour l'occasion, les 4 104 athlètes de 59 délégations logent dans des écoles (les femmes) et dans des baraquements militaires (les hommes). L'entretien des lieux est assuré bénévolement par plus de 1 000 étudiants des universités voisines. Quelques équipes apportent même de la nourriture afin de pallier d'éventuels problèmes de ravitaillement. En ces circonstances, un élan de solidarité international se met en place spontanément. Chacun selon ses moyens ! La Finlande offre à l'Angleterre 50 tonnes de bois, l'Argentine fait parvenir des tapis pour les épreuves de lutte. De leur côté, les Hongrois, qui manquent de devises, ont proposé de payer leurs frais de transport et de séjour en important 15 000 bouteilles de tokay, « le vin des rois » magyar. Ce seront donc les Jeux de la solidarité internationale, une démarche fidèle aux valeurs olympiques.

Voilà comment l'olympisme a survécu aux outrages de la Seconde Guerre mondiale. Sous un franc soleil londonien, et comme le veut la tradition, la famille royale s'installe au grand complet dans la loge d'honneur. Le roi George VI, en uniforme de grand amiral de la Navy, proclame l'ouverture officielle des Jeux sous les yeux de sa fille, la jeune Élisabeth, 22 ans, qui deviendra reine quatre ans plus tard. Le 29 juillet 1948 à Wembley, la flamme s'élève à nouveau solennellement dans un stade olympique et relance la grande aventure humaniste et universelle si chèrement désirée par Pierre de Coubertin.

Lors du traditionnel défilé des athlètes, les spectateurs éprouvent une émotion particulière à retrouver parmi les sportifs d'anciens officiers qui ont « fait la guerre », surtout au sein des délégations anglaise et française. Beaucoup de ces anciens combattants mesurent leur chance de s'être sortis indemnes du conflit mondial.

Sans doute pensent-ils aux autres, à tous leurs adversaires présents lors des Jeux de Los Angeles en 1932 ou de Berlin en 1936 qui sont morts. Tués au combat, comme Lutz Long, ou au cours de l'Insurrection de Varsovie comme le Polonais Lokajski. C'est en quelque sorte le défilé des vainqueurs. Ni les Allemands ni les Japonais ne sont invités. Le pardon olympique viendra plus tard.

C'est lors de ces Jeux qu'une innovation marquante vient améliorer l'efficacité des coureurs à pied : en sprint, les starting-blocks font leur apparition, et facilitent le départ des athlètes sur les courtes distances, du 100 m au 400 m. Alors que ces Jeux touchent à leur fin, les résultats du décathlon procurent une immense émotion. Bob Mathias, jeune prodige de 17 ans, remporte la prestigieuse épreuve alors qu'il n'a découvert la discipline que quelques semaines auparavant. Il devient le plus jeune champion olympique en athlétisme. Autre destinée particulière : celle du Belge Étienne Gally, rescapé des camps de concentration, qui mène les 42 km du marathon avant de s'effondrer dans le dernier tour de piste. Pour lui, c'est un rêve qui se réalise : une médaille de bronze pour ce champion, qui, trois ans avant, vivait l'enfer des camps à Dachau. Un sourire pour terminer : celui du Suisse Gaston Godel, persuadé d'être en tête à l'arrivée du 50 km marche. Il entre dans le stade de Wembley triomphalement, salue les spectateurs et se dirige d'un pas sûr vers la ligne d'arrivée. Seul problème, le ruban avait déjà été coupé par le Suédois Ljunggren, qui l'avait en fait précédé ! Plus récemment à Tokyo, la cycliste néerlandaise Annemiek Van Vleuten a subi une mésaventure comparable, en pensant remporter l'épreuve alors que sa rivale autrichienne Anna Kiesenhofer l'avait devancée…

Voilà comment Londres 1948 marque un tournant dans l'histoire olympique, alors que l'Europe panse encore ses plaies. Je trouve que c'est une magnifique revanche sur les temps obscurs. Pour beaucoup d'éditions, on peut discuter des choix de la ville hôte des Jeux, mais je pense que cette attribution, cette fois, ne se discute pas. Encore une fois, la ferveur des Britanniques pour le sport dépasse tout. Les Jeux de Londres 1948 resteront ceux de la renaissance et d'une certaine forme de bonheur.

Entorse à l'esprit olympique

Quatre ans plus tard, c'est vers Helsinki que les yeux se tournent. La blessure de la Seconde Guerre mondiale se cicatrise doucement et les Japonais et Allemands sont de la fête, de même que l'État d'Israël, récemment créé. Pour la première fois depuis la révolution de 1917, même les Soviétiques envoient une délégation aux JO. En ce début de guerre froide, leur retour étend la rivalité Est-Ouest au domaine sportif. Afin de limiter les risques de tension, les organisateurs, avec le consentement du CIO, concèdent une incroyable entorse à l'esprit olympique en créant deux villages olympiques, un pour les pays occidentaux et un pour l'URSS et ses pays satellites. Ainsi, les athlètes du « bloc de l'Est » sont installés au sein du village d'Otaniemi au bord de la Baltique, et les États-Unis et les démocraties occidentales, au village de Kapyla. Est-ce qu'on peut imaginer une chose pareille aujourd'hui ? Imagine-t-on que les États-Unis demandent un pavillon spécial aux Jeux d'hiver de Pékin 2022, ou que la Chine, en tant que régime communiste, soit isolée ? Ça paraît totalement irréel. Il me semble qu'à la limite on aurait pu séparer les délégations au sein d'un même village olympique, mais de là à en créer un autre… D'autant que, sur la piste, ces athlètes, hommes et femmes, allaient se côtoyer tout le temps. Dans les stades, dans les bassins et sur les podiums, les athlètes russes et américains fraternisent… Je pense par exemple au concours de saut à la perche lors duquel le public assistait au premier contact officiel entre l'URSS et les États-Unis. Un sauteur américain, le révérend Bob Richards, *alias* « le pasteur volant », remporte la médaille d'or. Professeur de théologie en Californie, il prêchait la fraternité entre les peuples et la bonne entente avec les Russes, allant jusqu'à conseiller les sauteurs soviétiques ! Évidemment, cela me renvoie aussitôt à nos chers Luz Long et Jesse Owens à Berlin…

Munich : *The show must go on*

Il arrive parfois que l'Histoire s'invite au cœur même des Jeux, pour le meilleur comme pour le pire. J'ai en tête l'attentat de Munich en 1972, lors duquel seize personnes ont été abattues au cours d'une prise d'otages.

Alors que toute la ville baigne dans une ambiance de fête, on est bien loin d'imaginer le drame qui va se dérouler au village olympique. Mais remettez-vous dans le contexte de ce début des années soixante-dix où flotte un parfum « *peace and love* »... L'Allemagne veut balayer le souvenir de ses derniers Jeux qui s'étaient tenus à l'aube de la Seconde Guerre mondiale. À cette fin, la ville a accompli tout ce qui était en son pouvoir pour offrir au monde les Jeux les plus ouverts possible. Aucune barrière devant le village olympique, aucune protection, le lieu est vraiment facile d'accès pour tout un chacun ! Avec le recul, cela paraît invraisemblable. Mais personne ne peut imaginer une seconde l'horreur qui se prépare... Or la cible est déjà choisie : la délégation israélienne aux JO de Munich. Cette année-là, au niveau diplomatique, les yeux du monde sont braqués sur le Vietnam, et le sort des Palestiniens est largement relégué au second plan.

Dans les semaines qui précèdent les Jeux, plusieurs membres de l'organisation terroriste palestinienne Septembre noir se font embaucher à divers postes mineurs pour s'infiltrer au sein du village olympique. Le 5 septembre 1972, à 4 h 30 du matin, tandis que les athlètes israéliens dorment, huit membres de l'organisation terroriste palestinienne préparent leur attentat. S'ils sont vêtus de survêtements afin de se faire passer pour des sportifs, leurs sacs de sport sont chargés de fusils d'assaut, de pistolets et de grenades. Ils s'introduisent dans le village olympique, puis pénètrent dans l'immeuble dans lequel se trouvent les deux appartements utilisés par la délégation israélienne. En plein milieu de la fête olympique, les terroristes palestiniens, avec à leur tête Abou Daoud, prennent en otages des membres de la délégation israélienne. Comment oublier les images de ce terroriste cagoulé devant les caméras du monde entier, et ce chantage d'une terrible violence ? Le groupe terroriste demande la libération et l'extradition en Égypte de 236 militants palestiniens détenus en Israël, ainsi que de deux militants de la Fraction Armée rouge détenus en Allemagne. Ils abattent deux membres de la délégation et font neuf prisonniers. Après avoir considéré divers scénarios en vue de libérer les otages, les autorités allemandes décident de mettre un bus à disposition des terroristes afin de les transférer avec leurs otages vers deux hélicoptères censés les transporter à l'aéroport de la base militaire de l'OTAN. L'opération de la police allemande est un fiasco absolu. Un affrontement éclate à l'aéroport et les neuf otages israéliens sont abattus. Il en va de même pour un policier allemand et cinq terroristes : au total, seize personnes trouveront la mort. Pourtant, la police

Le stade olympique lors des premiers Jeux modernes, en 1896, à Athènes.
© Roger-Viollet/Roger-Viollet.

Jeux olympiques de Londres en 1908. L'un des premiers drames olympiques à être filmés. Dorando Pietri s'effondre après avoir franchi la ligne d'arrivée du marathon. Pietri a été disqualifié de la course pour avoir reçu l'aide de l'officiel tenant le mégaphone dans le dernier tour. La photo a fait le tour du monde.
© Presse Sports/Bernard Grant.

Jeux olympiques d'été de 1924 à Paris. Entrée du village olympique.
© TopFoto/Roger-Viollet.

Johnny Weissmuller lors d'une session d'entraînement à la piscine des Tourelles pendant les Jeux olympiques de 1924.

Jeux olympiques d'été de 1924. Départ de la finale du 400 m nage libre hommes. De haut en bas : Johnny Weissmuller (États-Unis, vainqueur), Arne Borg (Suède), Andrew Charlton (Australie), Ake Borg (Suède) et John Hatfield (Grande-Bretagne). Paris, 18 juillet 1924.

Jeux olympiques d'été à Berlin, 4 août 1936. Jesse Owens, athlète américain, et Carl Ludwig Long, athlète allemand, fraternisent.

Jeux olympiques de 1948 à Londres. Fanny Blankers-Koen, athlète hollandaise, médaille d'or du 100 m, 200 m, 80 m haies et relais.

Berlin, 1936. Jesse Owens participant aux épreuves de saut en longueur

Emil Zátopek et Alain Mimoun lors des JO de 1952 à Helsinki.

Colette Besson, médaille d'or du 400 m lors des JO de Mexico en 1968.
© Presse Sports.

Sur le podium du 200 m des Jeux olympiques d'été de 1968 à Mexico, Peter Norman, Tommie Smith et John Carlos. Les deux compatriotes protestent contre les discriminations dont sont victimes les Noirs aux États-Unis.

Jeux olympiques d'été de 1972, finale du relais 4 x 100 m quatre nages. Cérémonie de remise des médailles d'or à l'équipe américaine victorieuse : de gauche à droite, Tom Bruce, Mark Spitz et Mike Stamm. Munich, 4 septembre 1972.
© Sven Simon/Ullstein Bild/ Roger-Viollet.

Des policiers allemands en survêtements lors de la prise d'otages de la délégation israélienne par des membres de l'organisation terroriste palestinienne Septembre noir pendant les Jeux olympiques de Munich, 1972.
© Alinari/Roger-Viollet.

prétend, face à la caméra, que les otages sont vivants et qu'ils seront très vite libérés.

Quelquefois, les journalistes ont une immense responsabilité à assumer dans l'exercice de leur mission d'informer. Eugène Saccomano et Charles Biétry, qui est à l'époque correspondant à l'AFP, se sont rendus à l'aéroport de Munich d'où doivent décoller les hélicoptères réclamés par les preneurs d'otages. Charles Biétry obtient les confidences du maire de Munich, Georg Kronawitter, sur le tarmac de l'aéroport où le bain de sang a eu lieu. Celui-ci, bouleversé, lui révèle que tous les athlètes ont été sauvagement abattus.

Qui croire, alors ? Sont-ils morts comme le maire le suggère ? Vont-ils être libérés comme l'affirme la police ? Pour l'heure, personne ne sait si les otages sont encore en vie ou non. Je crois que c'est Charles Biétry qui annonce finalement que tous les otages ont été exécutés. Mais la nouvelle n'est pas confirmée pendant une demi-heure. Biétry, qui a 28 ans et travaille pour l'AFP, une agence mondiale à la réputation incontestable, se dit deux choses : « Est-ce que c'est vrai ? Si c'est le cas, c'est terrible, et si ça ne l'est pas, ma carrière est terminée. » Une part de lui doit souhaiter secrètement, si l'on peut dire, que son information soit attestée. Mais cela implique que les otages soient morts et, humainement, il espère se tromper… Quel dilemme ! Ceci se passerait évidemment de manière bien différente de nos jours, avec les réseaux sociaux.

Dans cette confusion, les autorités allemandes attendent donc une heure pour diffuser la confirmation de la sinistre nouvelle : les otages sont bien morts. Dès lors, les médias allemands se rétractent piteusement et annoncent que le massacre est avéré. Biétry déclarera : « Munich 72, c'était un moment de bonheur et d'amour invraisemblable. Le contraste a été saisissant entre l'esprit olympique qui y régnait en début d'olympiades et cet acte de guerre qui a brisé le rêve olympique. »

Pour en revenir à la tragédie elle-même, la seule explication qui me vient est que les Allemands n'étaient absolument pas préparés, un tel acte était inenvisageable. Comment auraient-ils pu imaginer qu'un commando de terroristes pénètre dans le village olympique ? Soudain, le monde entier prend conscience que le terrorisme ignore toute notion de sanctuaire. En 1972, même l'Allemagne si méthodique n'a pas prévu l'impensable, le comité d'organisation allemand a d'évidence péché par naïveté.

Après ce massacre, une question est sur toutes les lèvres : faut-il continuer les Jeux ? Les athlètes israéliens n'auraient-ils pas souhaité qu'on poursuive les JO ? Faut-il pénaliser les autres athlètes qui se sont entraînés sans relâche depuis quatre ans à la seule fin de pouvoir participer à ces Jeux ? Je mets totalement de côté les intérêts commerciaux qui, de toute manière, étaient bien moindres qu'ils ne le sont devenus par la suite. En arrêtant les JO, on donnerait raison aux terroristes. Finalement, le CIO refuse de plier devant la menace terroriste et décide la reprise des compétitions après une pause de trente-six heures. À la suite d'un émouvant hommage aux victimes sur la pelouse du stade olympique, les Jeux continuent.

Cette nouvelle forme de terrorisme apparaît donc à Munich et marque le commencement de l'agitation palestinienne et du terrorisme moyen-oriental. Plusieurs États créeront par la suite des unités spéciales pour lutter contre les actions terroristes (dont le fameux GIGN fondé en 1974). Une maigre consolation qui n'apaisera jamais les familles des victimes. Cinquante ans plus tard, Munich 1972 reste un cas d'école dans les décisions à ne pas prendre lors d'une prise d'otages !

– 7 –

Mes JO : Athènes 2004

« Athènes a envie, Athènes est capable, Athènes est unique ! » Avec ce simple slogan, les Grecs ont atteint leur but. La déception de l'attribution des Jeux du centenaire à Atlanta est oubliée, et cent huit ans après avoir été l'hôte de la première édition de 1896, la ville aura le grand bonheur d'accueillir les Jeux à nouveau. D'énormes travaux sont engagés : un métro, un tramway, un nouvel aéroport international et un périphérique sont modernisés ou construits, sans parler des équipements sportifs. Rien n'est trop beau ni trop coûteux pour transformer Athènes en une capitale moderne apte à accueillir la jeunesse du monde et à faire honneur aux Jeux olympiques. Car le pari est immense pour la Grèce ! Un pari que les médias et observateurs du monde entier considèrent perdu d'avance : on estime que le métro sera terminé le jour de la clôture des JO, que les transports ne fonctionneront pas, que rien ne sera prêt, que ce sera un peu « à la méditerranéenne ». Ainsi ironisent les pays opulents face à la désorganisation supposée de la Grèce pour qui la pression est énorme. Erreur grossière ! Ce sera une grande et belle surprise de constater que tout était prêt à temps. Pendant les dix-huit jours des JO, il n'y aura rien à critiquer, même la météo est clémente : la chaleur qui peut être accablante en août est supportable cet été-là, et les Jeux se déroulent dans une grande sérénité mêlée d'euphorie. Pour ne rien gâcher, le prix des places n'est pas exorbitant, ce qui n'est pas anecdotique. Malgré cela, les épreuves ne se déroulent pas à guichets fermés, et on peut, le matin même, trouver des billets pour assister à des épreuves de natation ou d'autres compétitions. Le casse-tête qu'on redoutait n'en est pas un. Ce sont des Jeux à taille humaine.

Pour le comité d'organisation grec, le véritable casse-tête demeure la menace terroriste. Depuis la tragique attaque aérienne du 11 septembre 2001 sur les Twin Towers à New York, la hantise d'un attentat tenaille les gouvernements. Au total, 58 000 personnes, dont 41 000 policiers, et plusieurs avions de surveillance de l'OTAN sont déployés pour la sécurité, soit quatre fois plus qu'à Sydney. Car, outre la menace terroriste, la Grèce se situe dans une zone à risques, à proximité des Balkans et du Moyen-Orient, alors que la guerre en Irak vient d'éclater. Guerre et conflits, voilà ce que les Grecs de l'Antiquité avaient pourtant réussi à apaiser momentanément au profit des compétitions olympiques. L'atmosphère à la veille des Jeux à Athènes aurait pu paraître anxiogène mais, honnêtement, je n'ai rien ressenti de tel, ce qui prouve bien que cette sécurité draconienne était discrète. Je ne me souviens pas de militaires dans la ville, de mesures de sécurité particulières pour accéder aux stades ou de patrouilles policières dans les rues, pas du tout… Pour moi, ces Jeux d'Athènes demeurent un très bon souvenir. Gianna Angelopoulos-Daskalaki, la présidente du comité d'organisation, est formidable et la maire d'Athènes, Dora Bakoyannis, deviendra une figure majeure de la politique grecque. Que le berceau des JO soit celui d'une certaine féminisation des Jeux, ça me plaît bien, cela…

Quand, le vendredi 13 août 2004, la flamme pénètre dans le stade olympique d'Athènes devant 80 000 personnes, une clameur gigantesque parcourt les tribunes vertigineuses du stade Loúis flambant neuf et ses lignes futuristes. Les Jeux sont enfin de retour chez eux ! Le spectacle d'ouverture, placé sous le signe d'Apollon et des dieux grecs, souligne la fierté du peuple grec d'être à l'origine des Jeux et la tradition de la Grèce antique.

Le stade antique a été rénové pour l'occasion, et le tracé du marathon ressemble quasiment à celui du marathon de 1896. Le concours de lancer du poids se tient dans le sanctuaire d'Olympie, sur les lieux mêmes où les compétitions antiques se disputaient vingt siècles plus tôt.

Et, bien sûr, symbole marquant, sur le podium, les athlètes reçoivent une couronne de laurier. Je me souviens notamment d'une très belle photo de Laure Manaudou, 17 ans, visage illuminé par un magnifique sourire, le front ceint d'une couronne de laurier gagnée de haute lutte.

Ce jour-là, la jeune nageuse est sacrée championne olympique du 400 m nage libre, record d'Europe à la clé, et cet exploit vient s'ajouter à ses deux autres médailles pour le 100 m dos et le 800 m nage libre… La jeune fille, qui n'est même pas encore majeure, a totalement enflammé le public français avec ses performances splendides. Malheureusement pour elle, Laure est d'une timidité absolument inimaginable, un trait de caractère qu'elle garde encore aujourd'hui alors qu'elle a plus de 30 ans, même si son rapport avec les médias s'est amélioré avec le temps. Laure a révélé dans son livre qu'elle était terrorisée chaque fois qu'elle me parlait ! Je le regrette, car je n'ai pas le sentiment d'avoir fait quoi que ce soit pour la mettre en défaut, j'étais peut-être le journaliste le plus bienveillant qui soit avec elle, alors que d'autres ne l'étaient pas toujours… Contrairement à Marie-Jo Pérec, à qui on peut la comparer, y compris pour le palmarès, elle souffre alors de cette non-habitude des médias. Chez Laure Manaudou, heureusement bien entourée et encadrée par son manager qui a su la faire évoluer, cette appréhension a pu reculer au fil du temps, ce qui n'a pas été le cas chez Pérec. Son charisme s'est trouvé amplifié grâce aux photos ou aux pubs Lancel avec la comédienne Alice Taglioni. Mais tout ceci est arrivé plus tard. En 2004, c'était un diamant brut qu'il a fallu polir !

C'est l'effervescence aussi dans les bassins avec l'avènement de Michael Phelps, 19 ans, un talent énorme et une soif de vaincre insatiable. Le « Kid de Baltimore » s'est mis en tête de rejoindre le légendaire Mark Spitz en tentant de remporter sept médailles d'or. Après avoir bouclé un programme démentiel de dix-sept courses et surclassé tous ses rivaux, l'Américain échoue de peu. Il s'adjuge tout de même huit médailles – du jamais-vu – dont six d'or. Athènes sera le point de départ de sa fabuleuse carrière olympique.

Autre exploit inédit, cette fois pour les Bleus, Émilie Le Pennec devient la première championne olympique tricolore en gymnastique. Cette adolescente de 16 ans au format de poche – 1,51 m pour 37 kilos – s'impose aux barres asymétriques avec une remarquable figure qu'elle est la seule à réaliser, le « def », du nom de son inventeur, Jacques Def. Elle vient rejoindre dans l'histoire de cette discipline sur la plus haute marche du podium olympique Gustave Sandras (1900) et Albert Séguin (1924). Je me souviens de cette athlète qui, par sa taille, faisait encore plus jeune qu'elle ne l'était, on aurait dit une toute petite fille. Même si la France ne comporte que peu de grands gymnastes, il serait juste qu'Émilie Le Pennec soit aujourd'hui célèbre, or elle ne l'est pas. Est-ce parce qu'elle pratique un sport « qui ne nourrit pas son homme », si j'ose cette expression ? J'ai envie de rendre un hommage particulier à cette immense championne devenue depuis masseuse-kinésithérapeute.

Jean Rochefort, l'amoureux des chevaux

Avec sa sensibilité et son intelligence, Jean Rochefort apporte un vent de fraîcheur aux disciplines équestres. Quels délicieux commentaires décalés et quel brio dans ses grands numéros d'acteur ! Le géant du cinéma français considère les chevaux comme des athlètes et vulgarise la discipline en faisant primer ses sensations sur les informations statistiques. Il réédite d'ailleurs l'opération quatre ans plus tard, à Pékin, avec la même élégance. Je me souviens de lui et de nos jolis moments partagés, le soir ou au petit déjeuner, avec une tendresse infinie. Jean, c'était la générosité même. Il avait, pour la petite histoire, refusé de se faire payer pour son travail. Il disait : « Vous m'offrez déjà un cadeau inestimable en m'envoyant aux JO… » Autant vous dire que tout le monde n'est pas comme cela ! Un gentleman, dans tous les sens du mot, et un régal absolu dans ses commentaires. On se serait cru au Grand Siècle, à la cour de Louis XIV. On dit parfois qu'un commentateur fait beaucoup pour son sport et c'est sans nul doute le cas du très regretté Jean Rochefort.

À Athènes en 2004, Jean Rochefort commente donc toutes les épreuves et assiste à celle qui conduira à la médaille d'or en concours complet de l'équipe de France, composée de Nicolas Touzaint, Jean Teulère, Didier Courrèges, Arnaud Boiteau et Cédric Lyard. Morceaux choisis…

« Tagadoum, tagadoum, tagadoum, voilà et ça passe ! »

« C'est un triomphe, mes amis ! Ça me rappelle quand j'ai débuté aux Folies Bergère. »

« Ha, ha, ha, excusez-moi, mes nerfs lâchent. »

« Comme c'est dur d'être commentateur, je ne le ferai plus. Oh quel bonheur, oh mes enfants quel bonheur ! »

Un vrai bonheur ! Merci, Jean.

L'équitation et les Jeux, c'est une longue et belle histoire. Pendant les Jeux antiques, la course de quadriges (une course de chars antique avec quatre chevaux de front) était l'une des épreuves les plus spectaculaires. Le programme d'équitation tel qu'on le connaît aujourd'hui, avec les épreuves de dressage, saut d'obstacles et concours complet, fut introduit en 1912 à Stockholm. Par ailleurs, l'équitation, traditionnellement pratiquée par des cavaliers issus de classes élevées, constitue une famille un peu « à part » au sein des Jeux olympiques. Est-ce que cette différence trouve son origine dans le passé militaire de cette discipline ? Car, jusqu'en 1952, seuls les cavaliers militaires et masculins sont autorisés à participer aux compétitions. Et cela se reflète parfois dans l'ambiance qui règne dans les écuries ! En tout cas, les cavaliers forment une sorte de caste. Ils sont parfois plus à l'aise entre eux et ils ont toujours fait « bande à part ». C'est une compétition un peu en marge. Je ne me souviens pas d'avoir vu nombre de cavaliers défiler lors d'une cérémonie d'ouverture, par exemple. Cette séparation entre les deux univers est d'autant plus accentuée que le site d'équitation se trouve souvent à l'extérieur du centre-ville, assez loin du village olympique. Il est arrivé plusieurs fois que les cavaliers ne logent pas au village olympique, ce qui n'aide pas à créer une unité.

Pour être juste, je me dois de souligner que l'équitation n'est pas un sport facile d'approche. C'est un milieu où on ne se fait pas nécessairement de « cadeaux » mais, une fois les bases établies, il y règne un fair-play que j'ai rarement vu ailleurs. C'est un sport que j'adore et qui a très bien su se moderniser.

Depuis 1964, hommes et femmes concourent ensemble sur toutes les épreuves équestres, ce qui en fait la seule discipline totalement mixte au sein des Jeux olympiques. Mais l'équitation féminine est un peu comme une pyramide d'Égypte. À l'âge de 12 ou 13 ans, il n'y a quasiment que des filles dans les manèges, mais plus le niveau augmente et plus la pyramide se rétrécit. Finalement, le nombre de femmes est très réduit au top niveau mondial. Sur un plateau de quarante participants, on compte seulement cinq ou six cavalières. Mais celles-ci ont une vraie chance face à leurs rivaux masculins, et ça, c'est formidable. Il n'y a aucun autre sport, hormis la voile peut-être, où l'on peut constater cela.

Difficile d'aborder cette discipline sans avoir un mot pour Pierre Durand et son petit cheval Jappeloup de Luze, tant ils représentent l'harmonie du couple cavalier-cheval. Le mot de « couple », même si ça peut faire sourire, est très juste. Je crois vraiment que la relation qui s'établit entre l'homme et l'animal dépasse tout ce qu'on peut imaginer : il y a une forme de vraie tendresse qui s'instaure. Ce qui n'empêche pas Pierre Durand d'être désarçonné par sa monture en 1984, lors des Jeux de Los Angeles. Mais quatre ans plus tard, à Séoul, sa revanche est éclatante : après un sans-faute, Pierre Durand obtient le titre olympique individuel de saut d'obstacles, ainsi que la médaille de bronze du concours par équipe. Rarement un cheval aura été aussi populaire que son cavalier, au point qu'en 2013 sort en salles *Jappeloup*, un film relatant l'histoire du cheval et de son cavalier, avec Guillaume Canet dans le rôle de Pierre Durand. J'ajoute que ce garçon est quelqu'un pour qui j'ai beaucoup d'amitié, un garçon d'éthique, de fair-play, intelligent, droit, avec un regard franc. Étonnant de constater comme cela fait tilt tout de suite avec certaines personnes !

Hicham El Guerrouj réalise le doublé 1 500 m-5 000 m

Quatre ans après sa grande déception à Sydney où il avait dû se contenter de la médaille d'argent, le Marocain Hicham El Guerrouj offre au public chauffé à blanc un 1 500 m inoubliable. Tout le monde l'attend pour cette nouvelle édition, et moi le premier, car j'ai le souvenir vif du désespoir du jeune homme et de notre échange. Le 1 500 m est une course extraordinaire, c'est tactique, les foulées sont magnifiques, il peut y avoir une course au train, j'adore cette distance ! La course démarre et, assez vite, Bernard Lagat prend la tête et semble parti pour remporter la médaille d'or. Mais Hicham s'accroche, revient, centimètre par centimètre, passe en tête deux tours avant l'arrivée. On le voit résister, résister… pour finalement remporter l'or olympique sur les dernières foulées ! Quelle émotion ! Hicham, comme on aime à l'appeler, est devenu « le plus grand coureur de demi-fond de son époque », l'un des plus grands de tous les temps. Quelques jours plus tard, il ajoute à sa victoire une médaille d'or sur le 5 000 m. Athènes était sa dernière chance, il a su la saisir. Dans son regard mystique, c'est plus que du bonheur… Je n'ai jamais vu un visage d'athlète irradier autant de joie. Quelle liesse chez les spectateurs !

Je l'interroge à mon micro pour qu'il commente de quelques mots ces deux victoires, et sa réponse me frappe :

– Vous savez, si je n'avais pas remporté le 1 500 m, je ne courais pas du tout le 5 000 m.

Comme quoi, on était vraiment sur la ligne la plus tendue… En ce qui concerne son adversaire principal, Bernard Lagat, je veux souligner que je n'ai jamais vu autant de joie chez un deuxième ! C'est très touchant. Bernard Lagat, qui a lui aussi un palmarès long comme le bras, est visiblement très heureux de la victoire d'El Guerrouj. C'est sincère et, croyez-moi, sa réaction ne trompe pas. Quelle belle image à conserver de ces JO ! Hicham El Guerrouj, enfin récompensé pour sa persévérance, le regard d'une rare gentillesse, son fin visage baigné de larmes, la couronne de laurier sur la tête. J'adore cet athlète et je ne suis pas le seul : lors des championnats du monde d'athlétisme à Paris, en 2003, alors qu'El Guerrouj était en concurrence directe avec le Français Mehdi Baala, tout le stade encourageait El Guerrouj, c'est une preuve ! C'est un très grand champion. Ces Jeux d'Athènes ont un roi, et la flamme peut s'éteindre grâce à Hicham El Guerrouj.

– 8 –

Au-delà de soi : liberté, courage et combat au nom des droits

Vous imaginez-vous des podiums d'athlétisme qui ne compteraient aucun athlète de couleur aux Jeux olympiques ? Cela paraît invraisemblable aujourd'hui. Pourtant, il a fallu patienter pour voir les origines des participants se diversifier pour de bon. Aux Jeux d'Helsinki, par exemple, en 1952, l'Afrique n'est pas encore présente. Sur les photographies des courses, on constate qu'il n'y a pas un seul athlète noir au départ ! C'est très frappant. Je ne veux en aucun cas réduire leurs mérites, mais les vainqueurs de l'époque auraient-ils pu afficher de tels palmarès avec des rivaux kényans et éthiopiens ? J'en doute !

À Paris en 1924, l'Américain William DeHart Hubbard devient à lui seul un symbole d'espérance pour les Noirs américains en triomphant individuellement dans une épreuve d'athlétisme aux Jeux. Dans un exploit dépassant le cadre purement sportif, il saute plus loin que ses rivaux avec un bond de 7,45 m et balaye des siècles de préjugés. Grâce à son exemple, beaucoup de jeunes Noirs aux États-Unis vont se servir du sport pour sortir des ghettos.

Il faut pourtant attendre quelques décennies pour voir de nombreuses nouvelles nations ayant toutes conquis récemment leur indépendance apparaître à Rome en 1960 ; Maroc, Tunisie, Haute-Volta rebaptisée Burkina Faso depuis 1984, Nigeria, Côte d'Ivoire, Cameroun, Niger, Sénégal, Ghana, Dahomey (devenu depuis le Bénin)… Cette nouvelle cartographie offre un souffle nouveau. Au-delà du côté un peu « folklorique » qui émane de la manière très colorée de s'habiller de ces délégations et de leur bonne humeur légendaire, c'est aussi les performances que l'on voit évoluer.

Les olympiades se déroulent fin août, début septembre, sous une chaleur de plomb et une luminosité crue. Rome, ce sont des Jeux à l'italienne : le grandiose et l'attendrissant s'y mêlent comme dans un film de Fellini. Des Jeux absolument fabuleux ! Dans une atmosphère de fête permanente, les embouteillages, un désordre maîtrisé sans qu'il soit besoin de centaines de gendarmes à tous les coins de rue ni de barrières au village olympique. J'ai une grande nostalgie de cette époque. Voilà, Rome 1960 marque cela… En temps normal, les athlètes attendent devant le stade avant la cérémonie d'ouverture, puis entrent ensemble à l'heure prévue. À Rome, la cérémonie d'ouverture commence dans les rues, et tous les athlètes, toutes les délégations défilent dans des costumes absolument magnifiques, veste et cravate pour les garçons, jupes pour les filles, beaucoup de bleu et de blanc, un peu à l'image de la Grèce. On les voit défiler devant le pont Sant'Angelo qui enjambe le Tibre. C'est la dernière fois, à ma connaissance, que la cérémonie franchissait l'enceinte du stade à l'assaut de la ville – et cela était tellement magique que je me demande bien pourquoi cela n'a pas été reproduit depuis ! Peut-être parce qu'à l'époque il n'y avait pas d'écran géant dans les stades… Après les discours protocolaires, l'envol léger de milliers de pigeons sous un ciel azur et, soudain, toutes les cloches de la ville se mettent à sonner. Alors Rome tout entière frissonne de bonheur ! Un moment très rare, sans prix, hors du temps.

Le porte-drapeau choisi à Rome par les États-Unis sera le Noir américain Rafer Johnson, médaille d'argent du décathlon à Melbourne quatre ans plus tôt. Un honneur et un premier signe de reconnaissance à l'égard de cette communauté qui subit à cette époque une ségrégation encore très violente outre-Atlantique, notamment dans les États du Sud. Rafer Johnson est quelqu'un qui, bien au-delà du sport, est très actif dans la communauté noire pacifique. Connu pour sa médaille d'or au décathlon en 1960 à Rome, son nom sera associé quelques années plus tard à un épisode dramatique de l'histoire américaine.

En 1968, Robert Kennedy se lance dans la brève campagne présidentielle, qui se terminera tragiquement à Los Angeles. Bobby Kennedy refuse toute protection des services secrets, mais il a deux gardes du corps, dont l'un n'est autre que Rafer Johnson. À l'instant du drame, Kennedy se trouve dans un endroit où il n'aurait pas dû se rendre et, de ce fait, Rafer Johnson ne se tient pas à ses côtés, mais un peu à l'écart. Il s'en voudra toute sa vie et répétera sans cesse : « *I would have given my life for him* », « J'aurais donné ma vie pour lui »… Quel personnage que ce Rafer Johnson ! Un homme hors du commun, au physique extraordinaire.

Course pieds nus

Parmi les grands moments de Rome 1960, on assiste à la victoire totalement irréelle d'Abebe Bikila, un athlète éthiopien qui remporte le marathon pieds nus ! Abebe Bikila aurait pu devenir berger, comme le voulait la tradition de son village de Jato en Éthiopie, mais il était prédestiné à prolonger la légende d'un autre guerrier : Philippidès, le premier marathonien. Soldat dans la garde impériale de Hailé Sélassié, inconnu à la veille des Jeux, Bikila offre à la postérité une des plus belles images des Jeux olympiques. L'épreuve a lieu le soir dans une lumière irréelle qui entoure sa silhouette harassée et héroïque, illuminée par des torches flamboyantes installées le long du parcours. Quel symbole fabuleux pour l'Afrique ! Mais tout de même, courir pieds nus ! Aussi invraisemblable que cela puisse sembler, c'était ainsi qu'il s'était entraîné dans son pays. Sur les hauts plateaux éthiopiens, la vie dans les villages n'avait guère changé depuis des centaines d'années. Il me semble avoir entendu dire que Bikila avait essayé plusieurs paires de chaussures de sport avant de débuter la course, mais toutes lui causaient des ampoules et diminuaient ses performances. Alors, il a couru comme il l'avait toujours fait sur les pistes poussiéreuses et caillouteuses de son pays, pieds nus. Quel exploit ! 2 h 15 min 16 s, le record du monde de l'époque devant le favori, le Marocain Abdeslam Radi. Malheureusement, le destin de Bikila s'arrêtera de manière tragique en 1969. Victime d'un terrible accident de voiture sur la route d'Addis Abeba, la nuque brisée, il survivra, certes, mais les jambes paralysées… Ce qui ne l'empêchera pas de se mettre à la course en fauteuil et au tir à l'arc ! On se souvient de lui aux Jeux de Munich en 1972, si jeune encore, dans son fauteuil roulant. La foule l'avait ovationné… C'était un an avant sa mort, à 41 ans. Les dieux de l'Olympe disaient parfois : « Il faut payer pour ce que l'on reçoit », mais pour lui, l'addition me semble particulièrement lourde…

Cette histoire fait écho à de nombreuses autres, qui toutes mettent en scène des personnages dotés d'une volonté en béton armé. On appelle cela la résilience, ou comment se remettre en selle après une terrible épreuve, vaincre ses difficultés et revenir plus fort. Un exemple : Ray Ewry, surnommé « l'homme caoutchouc » lors des Jeux de Paris 1904. Paralysé par la poliomyélite jusqu'à l'âge de 12 ans, il gagna le saut en hauteur, le saut en longueur et le triple saut sans élan lors de cette édition. Une autre histoire poignante : Károly Takács, un Hongrois médaillé d'or de tir au pistolet à Londres 1948, qui perdit ensuite l'usage de la main droite, sa main de tir, dans l'explosion d'une grenade. Qu'à cela ne tienne ! Takács se forme alors au tir de la main gauche et décroche la médaille d'or dans l'épreuve du pistolet au tir rapide quatre ans plus tard.

Et comment ne pas parler de Wilma Rudolph ? Cette athlète noire séduit le stade olympique par sa foulée d'une efficacité et d'une fluidité félines. L'Américaine Wilma Rudolph sera la première véritable star féminine de l'athlétisme. Avez-vous remarqué que, dès qu'une sprinteuse noire gagne, elle obtient du même coup le surnom de « gazelle noire » ? C'est un cliché qui s'est usé au fil du temps, on a qualifié ainsi Christine Aron, Marie-Jo Pérec… Pour moi, la première et donc la seule « gazelle noire », c'est effectivement Wilma Rudolph, un surnom qui lui a été attribué par le regretté Robert Parienté, plume de l'athlétisme au journal *L'Équipe*. Wilma était la dix-septième des vingt et un enfants que comptait la fratrie Rudolf, une famille pauvre qui vivait dans une maison en bois sans électricité. On se croirait au Moyen Âge ! Dans le Tennessee, la ségrégation raciale était toujours en vigueur. Père porteur de bagages, mère femme de chambre... La petite Wilma, née prématurée, aura de nombreux problèmes de santé à affronter, scarlatine, double pneumonie, puis elle sera victime de la poliomyélite. La jambe gauche appareillée d'une prothèse de fer, elle parvient toutefois, grâce aux soins de sa famille, à surmonter son handicap. À 11 ans, elle se met à la pratique du sport pour renforcer ses muscles. Son entraîneur de basket la surnomme « *Skeeter* » (« moustique »), car elle se trouve toujours sur son chemin et qu'elle est très rapide ! Orientée vers la course à pied, elle va de succès en succès. Aux Jeux olympiques de 1960 à Rome, en demi-finale, elle bat le record olympique du 100 m et égale le record du monde avec un temps de 11 s 3/100. En tout, elle remporte trois médailles d'or, au 100 m, au 200 m et au 4 × 100 m. Quand on y songe, on est pris de vertige : cette jeune fille n'a pas été aidée du tout dans la vie, combien d'épreuves a-t-elle dû surmonter pour arriver au sommet de la gloire ? Les destins sont parfois très glorieux, mais ils peuvent être également très cruels. Mais si Wilma s'est éteinte bien trop tôt, comment oublier le sourire radieux de cette championne au courage immense ?

Pour les Français en revanche, le bilan de Rome se compte sur les doigts d'une seule main, avec cinq médailles dont aucune n'est d'or… Le général de Gaulle ne cache pas son irritation devant ces piètres résultats : « Si la France brille à l'étranger par ses penseurs, ses savants, ses artistes, elle doit aussi rayonner par ses sportifs. Un pays doit être grand par la qualité de sa jeunesse et on ne saurait concevoir cette jeunesse sans un idéal sportif. » C'est l'occasion d'une prise de conscience : le sport nécessite des investissements et une planification à long terme, et le temps de l'improvisation est révolu. Désormais, un programme permettra à l'élite française de mieux se préparer sous la houlette de Maurice Herzog, secrétaire d'État aux Sports de l'époque. Le lendemain, dans *Paris-Presse*, Jacques Faizant croque le général de Gaulle en survêtement, valise à la main, prêt à partir pour Rome en maugréant : « Dans ce pays, si je ne fais pas tout moi-même ! »

Les Jeux de Rome s'achèvent en nous susurrant à l'oreille : « Nous entrons dans l'ère moderne du sport. L'Afrique, la grande Afrique s'éveille enfin et vient chercher parmi les athlètes du monde entier la place immense qui lui revient. » Vingt-huit ans plus tard, à Séoul en 1988, les Kényans établissent une domination quasi totale sur le demi-fond et le fond. Paul Ereng au 800 m, John Ngugi au 5 000 et le 1 500 avec Peter Rono… Cette hégémonie s'explique par plusieurs raisons. Quand on vit à 2 200 m d'altitude, on part faire ses courses à 2 200 m, on se rend chez le facteur pour ramener le courrier à 2 200 m, il est évident que cela forge une respiration. La deuxième chose, c'est que pendant des années les athlètes kényans n'ont pas pu participer de manière concrète et correcte aux JO. Tout simplement parce qu'il n'y avait pas d'argent dans les caisses ! La Fédération d'athlétisme kényane était extrêmement pauvre. Le pays est très corrompu et si on ne sait pas vraiment dans quelles poches tombait l'argent, une chose est sûre, c'est que ce n'était pas dans celles des athlètes ! Il faut quand même savoir que les lièvres kényans, ces coureurs chargés de favoriser la performance d'un autre concurrent, touchaient environ 150 euros pour des distances comme le 5 000 ou le 10 000 m. Pour eux, c'était déjà une somme ! Pourtant, ces mêmes lièvres pourraient figurer dans les dix meilleurs performeurs mondiaux… Les Kényans ont amené tout l'or du monde sur les pistes, mais cet or n'a jamais été vraiment pour eux.

Mexico 1968 : deux poings levés sur le podium

Les Jeux de Mexico 1968 sont les premiers que j'ai suivis d'un bout à l'autre, me réveillant au milieu de la nuit pour assister à des épreuves que je ne voulais pas rater. J'avais 14 ans, et je garde le souvenir vif des poings levés de Tommie Smith et John Carlos. Ce rendez-vous avec l'Histoire demeure pour moi l'un des moments les plus emblématiques des Jeux modernes. Pour mieux appréhender cet événement, il faut resituer le contexte géopolitique de ces olympiades, qui coïncident avec une période de grande ébullition mondiale symbolisée par la contestation de la jeunesse et des soulèvements dans les ghettos noirs d'Amérique. Le 4 avril de cette année-là, Martin Luther King est assassiné à Memphis (Tennessee) et une énième vague d'émeutes embrase les États-Unis, ce pays qui semble éternellement promis à la violence. Deux mois plus tard, c'est Robert Kennedy qui est abattu durant la campagne présidentielle américaine. Le 3 octobre, à la veille des Jeux, l'armée mexicaine tire sur des étudiants qui manifestent dans la capitale, faisant plus de 200 morts dans un massacre d'État. C'est donc dans une ville en état de siège que s'ouvre le 12 octobre les XIXes olympiades de l'ère moderne. Quatre jours plus tard, nous voilà devant cette fameuse finale du 200 m hommes, course remportée par l'Américain Tommie Smith, suivi de l'Australien Peter Norman et de son compatriote John Carlos. Au moment de la remise des médailles, le monde s'arrête. Les deux Afro-Américains, arrivés en première et en troisième place, montent sur le podium et brandissent leurs poings gantés de noir, tête baissée et sans chaussures, symbole de pauvreté. Sur les photographies, on constate que les deux athlètes ne lèvent pas le poing du même côté. En effet, les deux hommes se sont partagé une paire de gants ! Je crois savoir, pour avoir lu les mémoires de Tommie Smith, que cette protestation n'était pas préméditée. J'en veux pour preuve que si ça avait été préparé très à l'avance, ils se seraient procuré deux gants droits… Pour ma part, je retiens la spontanéité de ce geste qui restera à jamais inscrit dans l'histoire des JO ; c'est sans doute la première fois que la politique rejoint les Jeux d'une manière aussi flagrante. Si ces deux terribles assassinats n'avaient pas eu lieu, je suis sûr que cette protestation ne se serait pas produite. Martin Luther King, pasteur noir ô combien pacifique, réunissait sans violence tous les Noirs autour de lui. Quant à Robert Kennedy, il serait certainement devenu président des États-Unis ! La communauté noire tout entière lui portait un amour incomparable. Je ne sais pas si les deux athlètes réalisaient vraiment la force de leur geste ni le retentissement qu'il aurait, mais leur courage était absolument inouï ! Je ne serai pas loin de dire que cet acte est peut-être le plus fort de l'histoire des Jeux olympiques. Ce qui a suivi, en revanche, est terrible. Les deux rebelles ont été exclus non seulement du village olympique, mais aussi de l'équipe américaine. Le président du CIO de l'époque, Avery Brandage, était quelqu'un d'inflexible, un chantre du sport amateur dont tout le monde ne garde pas un très bon souvenir… En risquant ce geste, Smith et Carlos se sont mis à dos énormément de compatriotes, y compris des compatriotes noirs américains, qui pour beaucoup étaient fiers de porter les couleurs américaines. Tout ceci amplifie leur courage.

Et qu'en est-il du troisième homme sur le podium, celui qui apparaît de dos ? Il s'agit de Norman, athlète blanc, qui jugea le message juste et décida de rallier leur cause, considérant que ce combat était aussi celui de « l'Australie blanche ». C'est même lui qui suggérera que Smith et Carlos se partagent la paire de gants. Cette solidarité lui coûtera cher également : il fut écarté de l'équipe nationale pour les Jeux de 1972 et il fallut attendre 2012 pour qu'il reçoive les excuses du Parlement. Quand Norman est décédé brutalement d'une crise cardiaque, Smith et Carlos ont décidé spontanément de se rendre à Melbourne pour les obsèques et ont porté son cercueil. Voilà les deux athlètes noirs américains qui avaient naturellement beaucoup vieilli, soutenant la dépouille de l'Australien, des images de fraternisation qui évoquent celle d'Owens et de Long aux Jeux de Berlin au saut en longueur. Ce sont des moments qui dépassent le sport. Mon cœur bat vers ces gens-là…

Des femmes dans les Jeux

Alors que Paris vient d'annoncer des Jeux entièrement paritaires pour l'édition de 2024, nous voilà bien loin des mœurs des premières olympiades ! Pour la première édition, les athlètes féminines n'avaient tout simplement pas été invitées. En dépit de l'opposition misogyne du baron de Coubertin, les femmes prennent part aux Jeux pour la première fois en 1900 à Paris mais, là encore, elles ne sont que 22, sur… 997 athlètes. Elles concourent dans cinq sports : le tennis, la voile, le croquet, l'équitation et le golf, des disciplines dites « compatibles avec leur féminité et leur fragilité », qui doivent donc respecter la décence et éviter tout effort violent et continu, une exigence assez incompatible avec le sport de haut niveau ! Le baron de Coubertin, en profond désaccord avec son Comité, a eu lui-même bien du mal à accepter ces évolutions. « Le seul véritable héros olympique est, à mes yeux, l'adulte mâle individuel », affirme-t-il, une conviction personnelle plus tard très contestée. Pour le visionnaire qu'était Coubertin, sa position sur les femmes a de quoi surprendre. Il ne parlait même pas de femmes, mais de « femelles » ! Aujourd'hui, tenir de tels propos serait inconcevable. Il serait traîné en justice !

Les femmes demeurent donc pour l'heure exclues des épreuves reines de l'athlétisme. Dès 1917, Alice Milliat, pratiquante d'aviron et présidente d'un club omnisport féminin, décide d'initier un grand combat pour mettre fin à cette injustice. En premier lieu, elle revendique l'admission des sportives à toutes les épreuves des JO, et s'appuie entre autres sur le rôle des femmes au cours de la Première Guerre mondiale qui invalide l'argument d'une « fragilité naturelle » de ces dernières. Ce qui est refusé par les membres du CIO – tous des hommes – pour les JO d'Anvers 1920. Mais la jeune Française est tenace !

Elle fonde une fédération sportive féminine, réanime les « Jeux olympiques de Héra », des épreuves exclusivement féminines. On observe défiler des nageuses, escrimeuses, lanceuses de disque ou autres athlètes lors des jeux féminins de Göteborg, en 1926, sous les applaudissements de 8 000 spectateurs. Les sportives s'illustrent par des résultats brillants, et le baron de Coubertin est bien obligé de s'incliner. Au terme des Jeux de 1924, Coubertin se retire du CIO, et son départ permet la véritable entrée des sportives dans l'arène olympique en 1928. Par la suite, la féminisation des JO se poursuit tranquillement (13 % à Tokyo en 1964, 23 % à Los Angeles en 1984, 44 % à Londres en 2012). Depuis 1991, toute nouvelle discipline aux JO doit obligatoirement comporter des épreuves féminines. Avec l'ajout de la boxe féminine au programme olympique, les Jeux à Londres en 2012 sont les premiers où les femmes concourent dans tous les sports au programme. Comme on le voit, l'évolution du CIO a suivi l'air du temps, mais ne l'a en aucun cas précédé et certainement pas influencé. La nuance est importante…

Une ménagère volante

Parmi les figures fortes de l'histoire des Jeux, je pense à la Néerlandaise Fanny Blankers-Koen, une sportive incroyablement polyvalente : après avoir essayé le tennis, la gymnastique et le patin à glace, elle suit les conseils de son entraîneur de natation qui lui propose l'athlétisme. Il est vrai que la concurrence féminine était bien moindre qu'elle ne l'est aujourd'hui. Néanmoins, si elle a régné sur le sprint féminin, peut-être aurait-elle pu dans un autre contexte s'imposer dans de nombreuses disciplines comme le saut en hauteur ou le saut en longueur !

Fanny Blankers-Koen devient la reine des Jeux de Londres en 1948, avec quatre titres olympiques en athlétisme. Douze ans plus tôt, âgée de 18 ans, elle était déjà présente pour les Jeux de Berlin, mais à cause des éditions annulées pendant la guerre, elle a dû attendre douze années pour obtenir tous ses titres de gloire. Elle avait alors 30 ans et était la mère de deux enfants, du jamais-vu ! Celle que tout le monde appelait « Fanny » n'était pas une figure très « glamour », on la surnommait d'ailleurs « la ménagère volante », ce qui n'était en rien péjoratif à l'époque… Je ne pense pas qu'elle aurait fait la une de *Paris Match* aujourd'hui, mais ses quatre médailles d'or sont bien les siennes.

Fanny Blankers a su saisir sa chance de manière formidable, et en cela elle me touche tout particulièrement. Elle avait un caractère bien affirmé, ce qui est souvent le cas des sportifs néerlandais. En 1999, elle est élue « athlète du siècle » aux Pays-Bas, en dépit d'une concurrence très forte avec notamment Johan Cruyff, sans parler de tous les autres footballeurs, patineurs de vitesse, cyclistes… Alors, bravo ! Il se trouve que je connais bien les Pays-Bas, où ma mère est née. C'est un petit pays à l'état d'esprit bien spécial, grand amateur de sport, porteur de valeurs telles que la tolérance, le courage, et qui accepte les différentes religions… Et ce qui ne gâche rien, les Néerlandais font preuve d'une certaine humilité, par rapport à tous ces exploits. Si on considère leurs résultats à travers l'histoire, que ce soit aux Jeux d'été ou d'hiver, ils sont vraiment au-dessus de nous. Dans pratiquement tous les sports, ils répondent présents. C'est un plat pays mais l'on y trouve d'extraordinaires grimpeurs en cyclisme, par exemple, et je ne parle même pas du patinage de vitesse ! Dans le contexte particulier de ces Jeux où le monde sportif souhaitait ardemment une star à admirer, la Hollandaise Fanny Blankers allait leur offrir une magnifique réponse. Elle demeure un exemple de polyvalence et d'émancipation pour de nombreuses femmes et a changé à jamais la perception du sport féminin, à une époque où les femmes étaient rarement encouragées à s'engager dans la compétition ! Sa performance dépasse le cadre sportif, à la manière de Jesse Owens, qu'elle avait d'ailleurs rencontré alors qu'elle était toute jeune fille, aux Jeux de Berlin. Il lui avait signé un autographe qu'elle a conservé jusqu'à sa mort. Elle connaissait bien l'histoire de son sport et respectait les anciens. Parmi les grands olympiens, elle demeure incontestablement l'une des plus grandes de l'histoire. Voilà quelqu'un d'autre pour qui je nourris une grande affection et que j'aurais aimé connaître…

Au cours de cette édition londonienne d'après-guerre, une autre personnalité forte apparaît chez les athlètes féminines en la personne de Micheline Ostermeyer. En plus de ses deux médailles d'or, au poids et au disque, la Française peut aussi s'enorgueillir d'un premier prix de conservatoire. Car la championne olympique était aussi une pianiste virtuose ! Une destinée d'autant moins banale que ces deux activités n'ont vraiment aucun rapport. Être discobole et lanceuse de poids ne requiert pas tout à fait les mêmes aptitudes que de jouer avec une finesse extraordinaire des concertos de Mozart ou de Chopin ! Dans un cas, les doigts sont fins, délicats et longs, dans l'autre ils sont comprimés pour lancer le disque ou le poids. « Je consacre cinq heures par jour au piano et pour le sport, cinq heures par… semaine ! » Ce qu'elle a réussi à faire est tout simplement formidable. Mieux encore, elle a réussi à l'accomplir sans être favorite de ces épreuves. Et surtout, il y a chez cette femme une modestie absolument extraordinaire. « Oui, j'ai gagné deux médailles d'or olympiques et après je suis passée à autre chose », avait-elle coutume de déclarer. D'ailleurs, parmi les points communs entre Ostermeyer et Blankers, il y avait cette forme d'innocence, d'humilité devant la portée de leurs exploits. Chapeau, mesdames !

– 9 –

Mes JO : Pékin 2008

Le vendredi 13 juillet 2001, le CIO proclame l'attribution des Jeux olympiques de 2008 à la capitale chinoise et provoque un rassemblement festif inédit sur la place Tian'anmen ! Pour accueillir ces Jeux, la diplomatie chinoise a manœuvré entre la médiatisation de la campagne olympique et des négociations plus discrètes. Il ne s'agissait pas uniquement de séduire les membres du CIO : l'opinion publique internationale est aussi indispensable, tout comme les décideurs susceptibles d'apporter le soutien nécessaire pour faire passer l'idée de cette candidature. Avec sa civilisation fascinante, mais aussi son régime autoritaire à peine dégrossi du totalitarisme, la République de Chine semble développer une réelle volonté de s'ouvrir au monde. Une seule ombre au tableau empoisonne son dossier de candidature : la rituelle question des droits de l'homme. Car la politique répressive du géant asiatique est aussitôt dénoncée par

Amnesty International. Exécutions et emprisonnements se multiplient. Les dissidents sont réduits au silence, expédiés en camps de rééducation ou dans les geôles du régime. À cela s'ajoute l'épineuse question du Tibet.

De nombreuses associations françaises réclament le boycott des Jeux, et les voix politiques s'opposent sur la question. Participerons-nous aux Jeux ? Nicolas Sarkozy doit-il être présent à la cérémonie d'ouverture ? Finalement, point de boycott. Lorsque j'ai été choisi pour commenter la cérémonie d'ouverture, j'ai fait l'objet d'une mini-enquête de la part des autorités chinoises bien qu'elle ait été menée « à la chinoise ». Quelques « accompagnateurs », d'une amabilité totale et à la maîtrise de la langue française parfaite, avaient été envoyés pour « encadrer » notre délégation, comme « une cinquième colonne » pour nous guider. Ce n'est pas de l'espionnage à proprement parler, plutôt une forme de surveillance discrète, mais soutenue. Sans doute afin de vérifier que je n'étais pas trop proche du Tibet ni de je ne sais quel mouvement révolutionnaire. Mais c'est aussi cela, la Chine… Je me souviens d'une anecdote qui illustre bien cette manière de procéder. Arrivée à l'aéroport de Pékin, début août 2008, l'équipe de France Télévisions se compose d'une cinquantaine de personnes. L'un de mes confrères, technicien cameraman, oublie malencontreusement son portefeuille avec son passeport et tous ses papiers sur son Caddie en attendant les bagages. Le passeport disparaît, ce qui est bien embêtant, car l'incident se produit juste avant de franchir la douane. Je tente de le réconforter, et comme il ne parle pas du tout anglais, je l'accompagne au poste de police où j'explique la mésaventure à un jeune commissaire. Sûr de lui, celui-ci secoue la tête : « N'ayez crainte : dans dix minutes, vous aurez récupéré votre passeport et vos papiers ! » Comment pouvait-il en être aussi certain ? Le larcin venait tout juste de se produire, et l'aéroport de Pékin est gigantesque, il fait la taille de cinq Roissy-Charles-de-Gaulle ! Pourtant, il avait raison. À peine cinq minutes plus tard, le portefeuille était dans la poche de mon collègue, le voleur était arrêté et condamné à sept ans de prison en comparution immédiate… Comment un tel scénario a-t-il pu se produire ? En réalité, en Chine, les policiers en civil sont partout. Et, aussi surprenant que cela puisse paraître pour les Européens que nous sommes, en Chine, on peut laisser sa voiture ouverte, les femmes peuvent se promener à minuit dans la rue sans se sentir en insécurité. Alors évidemment, pendant les JO de Pékin, cette surveillance rapprochée était au summum !

En ce qui me concerne, je ressentais une grande impatience à l'idée de découvrir ces Jeux et ce pays dans lequel je me rendais pour la première fois. Cette civilisation est absolument passionnante. Pékin s'est modernisée à un point totalement inimaginable, mais on trouve tout de même des quartiers anciens, des traditions qui perdurent. Il me semble que la persistance de cette ambivalence entre tradition et modernité est volontaire. Par exemple, j'ai été surpris de lire des avertissements comme : « Ne crachez pas dans la rue ! » Cette drôle d'habitude n'est pas une question de mauvaise éducation, mais simplement culturelle dans la tradition chinoise. Ainsi, tout au long de ces JO, la propreté était de mise.

Je me dois aussi de dire un mot des bénévoles, ces volontaires indispensables sans lesquels les JO n'existeraient tout simplement pas. À chaque édition, plusieurs milliers de bénévoles officient au sein des équipements olympiques et dans la ville hôte, servant tout à la fois de guides et d'interprètes pour les athlètes, les officiels et les touristes. Leur enthousiasme et l'accueil chaleureux qu'ils réservent à tous les visiteurs constituent une part essentielle de l'expériencc olympique. Des Jeux sans ces précieux volontaires seraient totalement inenvisageables. La voilà, la famille olympique ! S'il existe une confrérie pour laquelle j'ai vraiment plus que de l'admiration, une certaine forme d'amour presque, ce sont ces bénévoles. En Chine, cela prenait des proportions folles ! Je n'avais jamais vu ça. À peine avait-on le temps de demander à photocopier une feuille, et voilà quinze personnes qui accouraient… Imaginez un peu, on comptait 1,7 million de volontaires dans cette ville… Même si Pékin est gigantesque, c'est incroyable. Ça grouillait véritablement de bénévoles, ils étaient partout ! Tous étaient très jeunes et quasiment tous à l'aise en anglais. Leur investissement total a permis aux journalistes et aux techniciens de vivre les Jeux les moins stressants et les moins fatigants du monde. Il est vrai que les Chinois avaient cette volonté de bien faire et de montrer au monde un autre visage de la Chine. Sur ce plan-là, ils ont réussi.

Afin de gagner son pari, Pékin a fait « sauter la banque » pour accueillir les Jeux. Le budget est colossal et, plus largement, tous les chiffres donnent le vertige : plus de 100 000 militaires et policiers déployés à Pékin, 120 000 ouvriers qui auront travaillé sept jours sur sept pour construire le stade national de Pékin, le « Nid d'oiseau », sans doute l'un des plus beaux de tous les temps. Les 530 000 arbres plantés pour offrir un peu d'oxygène à cette ville très polluée, 300 000 caméras de sécurité et des batteries de missiles sol-air installés à proximité du stade olympique. Et pour couronner le tout, 70 millions de fleurs pour les majestueuses compositions à la gloire des JO et de la Chine… Les sommes investies à Pékin pour ces Jeux paraissent d'une folle démesure. On parle tout de même de près de 40 milliards d'euros ! Mais à Pékin plus que jamais auparavant, une immense part des investissements profite de l'événement sportif pour rattraper un retard dans le développement. En effet, une bonne partie de ce budget pharaonique a été investie dans les transports : nouvel aéroport gigantesque, nouvelles lignes de métro, mais aussi des aménagements de très grande ampleur autour des sites olympiques, des sommes astronomiques pour améliorer l'environnement, en particulier pour juguler la pollution étranglant la capitale et menaçant certaines épreuves des JO… La capitale chinoise, en effet, souffre à l'époque d'un complexe par rapport à l'insolente métropole économique qu'est Shanghai. Elle entend s'appuyer sur cette opportunité olympique pour faire un grand bond en avant.

Tout ceci a joué dans l'accueil exemplaire que nous a offert ce peuple. Bien entendu, l'absence de fausse note dans l'organisation des JO ne signifie pas qu'il n'y a rien à redire sur la manière dont fonctionne ce pays… Il n'empêche que ces Jeux, sur un plan sportif et en termes d'image, ont été absolument merveilleux, et ce dès la cérémonie d'ouverture.

Le spectacle, réalisé par Zhang Yimou, présentait la Chine à travers de saisissantes fresques symbolisant différentes pages de l'histoire de l'Empire du milieu. Le chiffre 8 étant un symbole de prospérité et d'infini dans la culture chinoise, c'est à 8 h 8 du soir, le 8 août 2008, qu'a débuté la cérémonie. Davantage que de la superstition, la Chine voue une profonde foi en ce chiffre porte-bonheur, à tel point qu'en cette année 2008 c'était maintenant ou jamais. La cérémonie aurait été suivie par 888 millions de téléspectateurs, ce qui après tout est possible, personne n'a pu vérifier ! Quoi qu'il en soit, c'est la plus grande audience jamais réalisée pour un événement unique – à titre de comparaison, le lendemain, France Télévisions réunira 5 millions de téléspectateurs, ce qui pour un jour de semaine d'août, à 13 heures, est déjà remarquable. Mais lorsque l'on a vu le chiffre affiché par la Chine, presque 900 millions de téléspectateurs... Quel vertige ! Je ne sais pas si vous vous imaginez ce que cela représente...

Et pour les privilégiés qui assistent en direct au spectacle, comment oublier les tambours ? Après un décompte lumineux sur la pelouse puis un feu d'artifice, 2 008 jeunes garçons, dans un mouvement d'ensemble parfaitement exécuté, martèlent des tambours traditionnels chinois de formes cubiques, en scandant un proverbe de Confucius. Cet unisson dégage une puissance impressionnante ! Tout est calé au millimètre, j'ose à peine imaginer le nombre d'heures de répétitions pour obtenir une telle précision. Au préalable, deux jours avant la cérémonie d'ouverture se tient une répétition générale à laquelle certains médias sont conviés – notamment ceux qui sont appelés à commenter la cérémonie. Cette fois-ci, j'ai pris la décision de ne pas assister à cette représentation pour préserver l'effet de surprise, convaincu que sinon la magie n'opérerait pas de la même manière le jour de l'inauguration. Bien m'en a pris ! Cette cérémonie sera effectivement en tout point extraordinaire. L'évocation de la construction de la Grande Muraille, de la route de la soie, de toutes les traditions millénaires de cet empire, l'évolution de la Chine traditionnelle vers Mao, tout est mis en scène de manière fabuleuse. Un spectacle tout simplement renversant, avant le défilé des athlètes, parfois un peu long et dénué de surprises. Hu Jintao, président de la République populaire de Chine, peut ensuite officiellement déclarer ouverts les XXIXes Jeux olympiques d'été. Le dernier relayeur de la flamme est Li Ning, l'ancien gymnaste chinois célèbre pour avoir décroché six médailles aux JO de Los Angeles de 1984. Il allume la vasque au sommet du stade après avoir couru tout au long de son pourtour suspendu dans les airs par des filins invisibles. On dirait qu'il vole, c'est magique !

Un réservoir de sportifs

Sans surprise, la Chine a fini « ses Jeux » en faisant le plein de médailles d'or (51), même si au nombre total de médailles elle est devancée par les États-Unis (110 contre 100). C'est l'illustration même de la domination de ces deux nations, qui, en développant deux systèmes de sélection différents, arrivent à obtenir des résultats spectaculaires. Bien sûr, ils sont nombreux, mais d'autres pays, comme l'Inde, presque aussi peuplée que la Chine, sont loin d'obtenir ces résultats. En quelques décennies, le pays de Gandhi a bien conquis plusieurs titres par équipe en hockey sur gazon, mais ce ne sera qu'à Pékin, avec Abhinov Bindra, qu'un Indien gagnera un titre olympique dans un sport individuel (la carabine à 10 m). Ce dernier, un riche héritier, est devenu grâce à cette médaille d'or « le célibataire le plus convoité du pays » – selon sa mère…

Mais contrairement à d'autres pays, comme la Russie qui a hérité de l'organisation soviétique, ou les États-Unis, du modèle anglais, la Chine n'a pas de tradition ou de culture sportive. Le modèle des clubs amateurs tel qu'on le connaît en France n'existe pas. Les enfants ne font du sport qu'à l'école, où ils sont testés durant le primaire et passent directement, pour les meilleurs, au rang d'« athlètes d'État ». Les jeunes ne choisissent pas forcément la discipline qu'ils préfèrent, mais celle dans laquelle ils ont le plus de chances de réussir. Alors effectivement, il y a dans ce gigantesque pays un « réservoir de sportifs », mais on doit prendre en compte le fait que la pratique sportive est davantage tournée vers l'élite que vers le sport de masse.

Et voilà comment certaines années, au fil des différentes éditions, on découvre en gymnastique des gamines extrêmement entraînées dont on devine les sacrifices pour figurer dans la délégation chinoise. Je fais le parallèle avec la musique, pour laquelle j'ai une grande passion. Lors d'une interview, un journaliste avait demandé à Lang, un célèbre pianiste chinois aujourd'hui considéré comme l'un des meilleurs au monde :

– Combien y a-t-il en Chine de jeunes pianistes comme vous, c'est-à-dire de votre talent ?

– Environ 40 millions…

Aucune espèce de fausse modestie dans cette réponse, Lang estimait sincèrement à 40 millions le nombre de Chinoises et de Chinois qui pourraient être aussi bons pianistes que lui ! C'est exactement pareil pour ces petites gymnastes.

Lors de la première semaine, les Chinois remportent tellement de médailles d'or que le comité chinois d'organisation publie un communiqué plein de compassion. Alors ça, c'était du jamais-vu ! Le communiqué disait en substance : « Chers hôtes étrangers, nous savons que nous avons gagné beaucoup de médailles cette semaine, mais sachez que la semaine prochaine devrait nous être beaucoup moins faste, car nous entrons dans des épreuves qui nous sont moins favorables. » Ce qui a effectivement été le cas. Cette manière de s'excuser d'avoir remporté tant de médailles, tout cela teinté d'une légère dose d'hypocrisie et de fausse modestie, c'est tout à fait dans la tradition chinoise…

Soixante-cinq records olympiques battus en natation

Dans le fameux « *Water cube* », magnifique espace construit spécialement pour les épreuves de natation, les performances seront à la hauteur de cet écrin. Vingt-cinq records du monde et soixante-cinq records olympiques ont été battus lors de cette édition ! On sait maintenant que cette cascade de records en natation doit quelque chose aux combinaisons que portaient les nageurs à Pékin. Des coutures améliorées pour limiter la friction, des matériaux spéciaux favorisant le gainage et permettant une meilleure flottabilité... Les performances sont telles que certains parleront même de « dopage technologique » ! Ces combinaisons ont depuis 2010 été interdites. Tous ces records sont tombés, bien sûr, grâce au talent des nageurs, mais aussi grâce aux combinaisons qu'ils portaient.

Comme à Athènes quatre ans plus tôt, la star des bassins sera incontestablement le nageur américain Michael Phelps qui domine outrageusement la compétition avec huit médailles d'or et sept records du monde ! Par la même occasion, Phelps remplit son objectif de balayer le précédent record du nombre de médailles d'or remportées au cours des mêmes olympiades. Le record de sept médailles d'or était précédemment détenu par Mark Spitz, le premier nageur américain à accéder au statut de star lors des Jeux de Munich en 1972. Un poster de Spitz, ses sept médailles autour du cou, s'est vendu à plus d'un million d'exemplaires.

Du côté de la France, le sympathique et emblématique Alain Bernard devient le premier nageur français à remporter le 100 m nage libre, le 14 août 2008 à Pékin, dans un bassin en ébullition. Mais cette victoire est tout sauf une surprise. Arrivé en Chine auréolé du titre de champion d'Europe, il bat deux fois le record du monde lors de cette compétition : en demi-finale et en finale. Bernard était sûr de sa force et dans les meilleures conditions pour enlever le plus prestigieux des titres aux JO. Et si le nageur n'est peut-être pas le sprinteur le plus doué de sa génération, il est sans doute le plus appliqué et le plus travailleur. Son succès dans ce 100 m aura été l'apogée de sa carrière : vingt ans de travail pour moins de 48 secondes de bonheur !

Alain Bernard, surnommé « le requin d'Antibes », est vraiment un garçon super, même s'il a toujours fait un peu bande à part. Bousquet, Gilot, les nageurs de Marseille et même Leveaux étaient beaucoup plus appréciés que Bernard. Je ne saurais dire pourquoi, car chaque fois que je l'ai interviewé, je l'ai trouvé particulièrement sympa ! Ce même phénomène s'est produit avec Camille Lacourt. Bernard et Lacourt n'ont jamais fait l'unanimité parmi les autres nageurs français. Alors « l'équipe » de France de natation, c'est vrai, elle existe, mais jusqu'à un certain point…

Toujours en natation, on attend beaucoup de Laure Manaudou ! Malheureusement, cette année-là sa carrière tumultueuse n'est pas propice aux grandes performances. L'année précédente, elle s'est séparée de Philippe Lucas, son mentor, puis change d'entraîneur à deux reprises dans les mois qui suivent. Or le passé a prouvé que la réussite d'un champion est bien souvent le fruit d'une longue et étroite collaboration entre l'entraîneur et son poulain. Entre les aléas de la vie sentimentale de Laure et ses conflits avec ses coachs, rien n'est fait pour qu'elle se présente en tenante d'un titre à conserver.

Par ailleurs, Laure Manaudou a passé ces quatre dernières années sous le feu des projecteurs et sa préparation est bien moins rigoureuse que pour les Jeux d'Athènes. Je crois que la nageuse a payé les excès d'une starisation envahissante. Elle n'est d'ailleurs pas la première à en être victime… Je pense à la tenniswoman Ana Ivanović, grande gagnante à Roland-Garros et qui a aussitôt été happée par les médias puis par les publicitaires. Tout le temps passé en séances photo ou en journées publicitaires l'est forcément au détriment de l'entraînement. Sans même parler des jalousies terribles que cela provoque chez les autres sportifs…

Toujours est-il que, si Laure Manaudou nage toujours très bien, ses concurrentes sont mieux préparées physiquement et mentalement. Elle termine avant-dernière de la finale… C'est un échec cuisant, mais prévisible. Elle ne veut pas donner d'interview, mais il me semble que son manager insiste d'un signe pour qu'elle se présente au micro de France Télévisions. Je me souviens très bien de ce moment, elle pleure à chaudes larmes quand elle vient vers moi, et je tente mon possible pour la consoler.

– Il doit y avoir pas mal de sentiments dans votre tête, avec tout ce qui s'est passé ces dernières vingt-quatre heures pas toujours faciles… Que pensez-vous de ces courses, et quel est votre état d'esprit ?

– C'était difficile de se remettre dans la course après hier. Là je suis déçue et je me demande même si ça sert de continuer…

– Laure, vous êtes une très, très grande championne, vous savez ce que la France pense de vous. Vous ne pouvez pas arrêter comme cela, il reste encore un 200 m pour lequel vous allez peut-être jouer votre plus belle chance ici. Vous avez un entourage familial qui vous soutient, qui vous aime. Vous le sentez, ça ? Vous savez, c'est dans ces moments-là que l'on prouve que l'on est une grande championne.

– C'est vrai qu'il y a ma famille qui est derrière moi, qui croit toujours en moi, donc c'est la seule chose qui peut m'encourager, je verrai.

– Écoutez, je vais sortir de mon rôle de journaliste et vous dire combien nous vous aimons, Laure. Tout ce que vous avez apporté à la natation française, aux Français, au sport français, tout cela ne peut pas s'arrêter comme ça ! Vous allez réfléchir vingt-quatre heures et vous allez revenir. Il y aura des jours meilleurs, Laure, soyez-en sûre.

Honnêtement, arrivée en pleurant, elle repart avec un léger sourire. J'en suis très heureux, avec le sentiment d'avoir fait quand même œuvre utile. Jeune maman, elle annoncera mettre un terme à sa carrière dans la foulée avant de tenter un come-back pour les Jeux de Londres qui s'avérera compliqué… Mais au moins, elle a su terminer sur une belle note avec un titre de championne d'Europe en petit bassin à Chartres en 2012. Et après, elle n'a plus nagé.

Usain Bolt, dieu de l'Olympe

En athlétisme, le monde entier assiste à l'avènement d'un champion hors norme. Usain Bolt écrase le 100 m, pulvérise le record du monde en 9 s 69/100 et relègue ses concurrents au rang de faire-valoir… Assurément, un des plus grands moments de l'histoire des Jeux, un 100 m d'anthologie ! Les quelques secondes de silence qui précèdent tout départ du 100 m sont extraordinaires. Je dirai que c'était particulièrement frappant à Pékin. En France, dans le public, il y a toujours quelques crétins qui vont hurler ou siffler quelque chose, alors qu'à Pékin, non… Quel public extraordinairement respectueux !

Usain Bolt m'a tout de suite manifesté, comme à d'autres, énormément de sympathie. Le jeune homme arrivait à mon micro un large sourire aux lèvres, en chantant et en dansant. J'avais l'impression de parler à Bob Marley ! C'est un privilège extraordinaire d'avoir accompagné toute sa carrière, et c'est à Pékin qu'a débuté une véritable histoire d'amour entre moi et lui (je ne veux pas dire entre « lui et moi » !… Mais je crois qu'il m'aimait bien tout de même). Les derniers temps, il s'exclamait toujours en m'apercevant : « *Oh my good friend from France !* » Ce sont des moments que je chéris.

En plus d'être un fabuleux sprinteur, Bolt est aussi un exubérant showman. Il accomplit son exploit en terminant la course en toute décontraction, coupant son effort et ouvrant les bras en fêtant son sacre 20 m avant la ligne, la chaussure gauche délacée… La course achevée, il célèbre sa victoire avec sa fameuse gestuelle de « l'archer » ou de « l'éclair ». Il a tout pour devenir une star charismatique, son aura est planétaire et il ringardise au passage ses adversaires. On ne doit pourtant pas s'y tromper : pour se comporter de cette manière, il faut être au sommet. Car si ce n'est pas le cas et que l'on commence à fanfaronner, ça ne passe pas du tout !

On dit souvent que les plus grands sont les plus simples, ce qui se vérifie souvent. Eh bien, Usain Bolt, comme Rafael Nadal d'ailleurs, en est l'expression innée. Je n'ai jamais eu de problèmes avec les plus grands, jamais. C'est souvent avec les « un peu moins bons », y compris avec certains Français, que les choses ont pu être un peu plus délicates.

Ce parallèle que je tisse entre Bolt et Nadal n'est pas anodin. J'ai pour ces deux champions une considérable affection, et je trouve qu'il existe beaucoup de points communs entre eux. L'un est le plus grand tennisman, l'autre, le plus grand athlète de l'Histoire. Ils ont tous les deux cette profonde générosité, humanité. On entend parler de sportifs qui donnent de l'argent à des œuvres caritatives mais, à mon avis, la vraie philanthropie se caractérise par sa discrétion. Lors des inondations de Majorque, Rafa a donné 1 million de dollars. Le geste généreux a fuité à cause d'une indiscrétion *via* la mairie, mais lui ne tenait pas à ce que cela se sache. De la même manière, Bolt soutient des programmes très importants pour les jeunes en Jamaïque, car la vie dans ce pays est très dure. Personne n'en entend parler ! C'est de la vraie générosité.

Leur autre point commun est leur longévité. Quand j'ai regardé Usain Bolt courir pour la première fois, j'ai su immédiatement que ce ne serait pas « juste une fois ». De même, en voyant Rafael Nadal remporter Roland-Garros à 18 ans, je savais qu'il allait réitérer l'exploit, même si je ne pouvais pas imaginer qu'il gagnerait treize fois ! C'est aussi ce que j'aime chez ces champions, l'exemplaire longévité dont ils font preuve. Et concernant Bolt, une longévité souriante, une longévité modeste. Par ailleurs, et c'est assez rare en sport où les rivalités sont souvent très exacerbées, les adversaires de Bolt l'aimaient. Évidemment, ils auraient souhaité le battre. Mais des coureurs qui étaient sur ses talons, comme Tyson Gay, le sprinteur américain, ou Justin Gatlin, acceptaient leur défaite. Ces gens-là n'étaient pas jaloux de la réussite de Bolt parce qu'ils savaient qu'ils faisaient face à un phénomène. Et cette reconnaissance dépasse même les frontières de la discipline : par exemple, le perchiste Lavillenie m'a souvent dit que, si peu de monde connaît son nom, n'importe qui sur Terre peut citer celui de Bolt ! Et je partage cette opinion. Pourquoi ? Parce que le 100 m est une discipline universelle, parce que tout le monde peut courir un 100 m – bon, c'est vrai, peut-être pas en 9 s 58/100 !

Nous avons donc affaire à un showman, avec sa gestuelle si particulière et une attitude parfois un peu désinvolte sur le podium. Mais son comportement ne s'exerçait jamais au détriment de ses adversaires, jamais… Et quand il a tiré sa révérence de manière un peu moins belle qu'il l'aurait souhaité, aux championnats du monde d'athlétisme à Londres en 2017, il a été le premier à demander au public de ne pas siffler Justin Gatlin. C'était sincère, le public anglais l'a écouté et a applaudi Justin lorsqu'il a gagné la médaille d'or du 100 m. Voilà comment cet homme est devenu à la fois un athlète de légende, cela va de soi, mais également une personnalité de légende.

– 10 –

Athlétisme et natation : au cœur de « mes » disciplines

Parmi les grandes évolutions des Jeux depuis les premières olympiades de l'ère moderne, il faut bien sûr évoquer celle des disciplines ! À Saint-Louis, en 1904, on nage en plein folklore, à la limite de la foire… Certaines disciplines seraient aujourd'hui inimaginables, comme « la course en sac », ou des compétitions de nature militaire inspirées des parcours du combattant. Les épreuves de natation sont organisées dans une mare d'eau boueuse, la plupart des athlètes refusent d'y participer… C'est une époque où on exalte la musculature, la force physique, cela vous donne un côté « montreur d'ours » un peu choquant, voire malsain. L'idéal olympique à l'époque est focalisé sur la puissance du mâle blanc. Vingt ans plus tard, à Paris, des concours artistiques sont programmés en marge des épreuves sportives. Cette pratique, chère à Coubertin, verra entre autres Henry de Montherlant participer à l'épreuve de littérature. Les autres domaines artistiques sont l'architecture, la musique, la peinture et la sculpture. Quelle belle idée ! Je verrais bien aujourd'hui le même genre de compétitions artistiques, car dans l'esprit de Coubertin, qui était un intellectuel, les Jeux n'étaient pas uniquement composés de joutes sportives, mais devaient également mettre en avant des épreuves artistiques. La charte olympique précise que les organisateurs doivent inclure un programme d'événements culturels pour promouvoir les relations humaines, l'entente et l'amitié entre les participants lors des Jeux olympiques. Et, en réalité, qu'est-ce qui fait de ces Jeux une manifestation différente des championnats d'Europe ou du monde ? C'est cet appel à la culture, cet appel à la fraternité. Cela peut paraître quelque peu désuet, mais c'est bien dommage que cette jolie tradition ne se soit pas perpétuée.

L'athlétisme, partout et depuis toujours

En tout cas, certaines épreuves n'ont pas beaucoup bougé au fil des Jeux. Depuis toujours, les hommes et les femmes courent et mesurent leur rapidité à celle de leurs pairs, et l'on ne constate que peu d'innovations, depuis l'origine des courses, à part la mise en place de starting-blocks aux Jeux de Londres en 1948… Difficile de trouver une épreuve sportive plus simple que le 100 m.

Pas d'équipement superflu, pas de pause, pas de partenaires pour vous prêter main-forte. Et une seule terrible issue : le premier qui arrive a gagné. Ceci est valable dans le monde entier, le 100 m franchit toutes les frontières et représente le même challenge, quels que soient votre couleur de peau ou votre compte en banque.

Avant le départ, l'athlète prend place derrière les starting-blocks qu'il a préalablement réglés selon ses propres besoins. Au premier commandement du starter (« À vos marques »), les coureurs se mettent en position de départ : un genou à terre, les deux jambes pliées ; les mains sont posées au sol, en arrière de la ligne de départ. Lorsqu'ils sont installés, le starter les avertit du départ imminent (« prêts ? ») ; les athlètes basculent le poids du corps sur les bras, en situation de déséquilibre. Enfin, le juge tire un coup de feu en l'air. Tout se joue à ce moment précis où entrent en jeu la tension, la concentration, la rage de vaincre !

Cela peut paraître paradoxal, mais la meilleure méthode pour courir vite, c'est de progresser lentement. La thèse du progrès par étapes est confirmée. Du premier record du monde au début du XXe siècle au record contemporain, la différence est d'à peine une seconde ! Cela semble dérisoire, une seconde, et pourtant l'enjeu est d'importance. Un siècle d'efforts, d'exploits, d'émotions pour cette petite seconde arrachée à l'humaine pesanteur. C'est pourquoi le 100 m est l'épreuve reine des JO, toutes disciplines confondues, et la finale, la course la plus suivie au monde.

C'est au départ du 100 m que je mesure le mieux le privilège extraordinaire d'être associé à ce type d'événement. Certes, un 100 m dure dix secondes. Mais il faut avoir la chance de vivre les quelques instants suspendus avant le grand départ une fois dans sa vie. Imaginez ! Au milieu d'un brouhaha sans nom – on parle de 80 000 à 100 000 personnes réunies dans un stade, tout de même – le starter demande le silence. « Chuuuuut ! » Et voilà les 100 000 personnes qui retiennent leur respiration, toutes tournées vers la course à venir. La concentration est palpable. Chaque fois, j'éprouve le même frisson. Cet instant hors du temps, juste avant la poignée de secondes où les athlètes olympiques jouent leur va-tout, est absolument indescriptible. Et croyez-moi, cette émotion est très spécifique aux Jeux olympiques, je ne retrouve jamais tout à fait la même impression lors des championnats d'Europe ou du monde. Ce silence… Tout est en suspens, les athlètes sont au maximum de leur concentration, le destin de la course tient à un souffle. Et dans ce recueillement d'un stade en apnée, TAC ! le coup de pistolet du starter, les muscles gainés des athlètes, une farandole de jambes qui se croisent, et c'est déjà fini.

Les meilleures retransmissions que nous pouvons mettre en place avec des moyens techniques de pointe ne remplaceront jamais la ferveur et l'émotion que l'on vit dans un stade. Certes, l'on discerne mieux chaque détail à l'écran, le rictus des visages, la puissance d'une foulée, ou que sais-je ? Mais qu'en est-il de l'émotion ? Beaucoup de choses ont été écrites sur le 100 m, avec des livres comme *Dix secondes pour une éternité*… Je crois qu'il n'y a aucun autre exemple dans l'histoire d'un nombre aussi important de spectateurs sur une épreuve aussi courte. Pour ma part, je ne manquerais cette course pour rien au monde, même à des heures très matinales avec le décalage horaire. Je ne connais aucun autre moment empreint d'autant d'intensité. C'est la magie du 100 m…

Il y a aussi, parmi les autres épreuves les plus attendues de la quinzaine olympique, les relais, qui se déroulent traditionnellement le dernier jour des Jeux. Le 100 m arrive très tôt dans le programme des JO, l'épreuve étant fixée le premier soir, et les relais concluent la quinzaine en apothéose. Chaque équipe compte quatre coureurs qui couvrent chacun un quart de la distance et se passent fébrilement le témoin dans la zone prévue à cet effet. Les premiers relayeurs du 4 × 400 m courent en couloirs, mais les deuxièmes relayeurs se rabattent à la corde à la sortie du premier virage. Chaque équipe s'efforce de conserver une position favorable jusqu'au dernier relayeur, en général le plus performant de l'équipe, qui franchit la ligne et s'attribue la gloire par la même occasion ! Le public raffole de cette course qui électrise le stade olympique. Il est dit parfois que le relais 4 × 400 m illustre la puissance d'une nation d'athlétisme. Dans un sport qui est l'expression même de l'exploit individuel, le relais fait figure d'exception, car, ici, la performance est le fruit d'un collectif et non l'addition d'individualités. La stratégie de la course tient compte d'un compromis entre vitesse et sécurité. Pour vaincre, inutile de réunir les quatre meilleurs coureurs : ce qui compte, c'est de composer le quatuor le plus harmonieux. Si le témoin tombe au moment du passage de relais, la formation est disqualifiée. Quelle appréhension chaque fois, car un passage de témoin raté peut arriver aux plus grands ! Je suis fasciné par la prise de risques qu'impose cette course ; j'adore recevoir les relayeurs à mon micro, avec leur complicité et leurs taquineries. Ils confient souvent qu'en demi-finale ils ont gardé une certaine prudence aux marques, « mais lors de la finale, nous allons évidemment jouer le tout pour le tout, au risque d'être disqualifiés ». Car hormis des chutes de bâton, on assiste souvent à des passages « hors zone », c'est-à-dire que le témoin est transmis en dehors de la zone prévue à cet effet. Dans ce cas, la sanction est sans appel : c'est l'élimination. Évidemment, la technologie permet de tout voir, ou presque, et la caméra a eu un rôle majeur lors de disqualifications… Il nous est arrivé, à France Télévisions, que l'on nous demande si on voulait bien « donner » nos images des passages de relais. Ce que nous avons toujours refusé de faire ! Nous ne sommes pas là pour être juges dans les compétitions !

Une petite révolution dans le monde de l'athlétisme s'est produite aux récents Jeux de Tokyo avec au programme une nouvelle épreuve : le relais mixte sur 4 × 400 m. Je dois confier que je n'y suis pas du tout favorable. Je considère ça comme une sorte d'exhibition, tout comme en natation où cela existe depuis un peu plus longtemps. Je ne trouve pas que faire courir les hommes et les femmes ensemble soit opportun.

Dans mon panthéon personnel de l'athlétisme figure bien sûr Emil Zátopek, révélé dans le 10 000 m de Londres 1948, contre Alain Mimoun. Le duel de ces deux immenses vedettes des courses de fond durera trois olympiades ! La première particularité d'Emil Zátopek, c'est, je pense, que n'importe quel spectateur pouvait se reconnaître en lui. Quand on regarde courir un Gebrselassie, pour rester dans la même discipline, avec sa foulée absolument magnifique, ou lorsqu'on observe l'allure superbe des Kényans ou des Éthiopiens, il est naturel de penser : « Je ne saurai jamais faire ça. » Tandis qu'avec Zátopek c'est très différent. C'est un homme qui ressemble à M. Tout-le-monde. Ce n'est pas « un Apollon », et si ce n'est son merveilleux sourire, il n'a pas grand-chose pour lui : il est un peu dégarni, montre un style heurté, grimaçant sans cesse, avec des lamentations ininterrompues… L'incarnation même de l'athlète dans l'effort, comme s'il portait toute la misère du monde sur les épaules. Son style, disgracieux mais efficace, lui vaudra le surnom de « locomotive tchécoslovaque ». Le fait que les gens puissent s'identifier à lui a beaucoup joué dans sa notoriété. Les Américains ont une expression parfaitement appropriée pour cela : « *Just like us* », « il nous ressemble ». Et pourtant, Emil Zátopek n'est pas exactement comme eux ! Tous ceux qui l'ont connu gardent le souvenir d'une personne à la fois simple, modeste, accessible et droite. J'ajoute que son nom de trois syllabes n'est pas anodin dans les encouragements extraordinaires qu'il reçoit lors de ses courses. Dans tous les stades, les 50 000 ou 60 000 personnes, quelle que soit leur nationalité, scandaient : « Za-to-pek ! Za-to-pek ! Za-to-pek ! » – c'est un nom qui « claque » ! Impossible d'obtenir la même chose avec un patronyme d'une seule syllabe… Je crois qu'il est le premier à avoir récolté de telles acclamations de la foule, j'ai pu le vérifier en visionnant avec délectation les films de ses performances.

Les Zátopek, c'est aussi une belle romance. Hasard du calendrier, Emil et Dana sont tous deux nés le même jour de la même année, le 19 septembre 1922. L'histoire semble trop belle pour être vraie, et pourtant elle l'est. Dana a vécu dans l'ombre immense de son époux, mais elle en fut la lumière, l'inséparable compagne. De mémoire, ce couple a tenu jusqu'au bout et, surtout, les deux amoureux sont restés solidaires dans un État tchécoslovaque qui était l'un des pires régimes du bloc soviétique… Ils ont incontestablement formé un des plus beaux couples de l'histoire du sport. C'est une très belle romance qui trouve sa symbolique la plus forte sur le stade olympique. En effet, un couple où le mari et la femme remportent l'or olympique à une heure d'intervalle, cela n'est pas banal ! Les Zátopek l'ont vécu. Aux Jeux d'Helsinki de 1952, pendant qu'Emil gagne successivement le 10 000 m, puis le 5 000, son épouse, Dana, devient championne olympique de javelot. Le hasard du calendrier a voulu que leurs victoires aient lieu le même jour à une heure d'écart. Là aussi, c'est une première – et sans doute la dernière fois, en tout cas je n'ai pas connaissance d'autres exemples de ce type. Les deux époux se cherchent du regard, se retrouvent et se précipitent dans les bras l'un de l'autre, larmes et sourires mêlés. Un baiser volé qu'immortalise un cliché pris le 27 juillet 1952. La photo de leur étreinte émeut le monde entier.

Au-delà du sport, le jeune Zátopek manifestait déjà des idées d'indépendance par rapport au communisme. En cela, il était d'un courage extrême car, en 1948, Staline était encore au pouvoir. Le dégel ne s'était pas encore produit (si jamais dégel il y eut !).

Zátopek, militaire de carrière, devient le symbole de l'athlète moderne issu du nouveau système socialo-communiste triomphant. Il est également l'emblème d'une nouvelle école : le sport d'État. En récompense de son triomphe sensationnel, Emil Zátopek est promu commandant puis colonel de l'armée populaire. On le nomme également entraîneur adjoint chargé de la préparation physique des athlètes militaires. Son épouse Dana et lui embellissent la vitrine de la République populaire tchécoslovaque à l'étranger, au point de rendre jalouse Moscou. Le Kremlin, qui n'a pas d'ambassadeur sportif de cette dimension, ordonne à Prague de lui refuser provisoirement les visas de sortie indispensables. Sa trop grande notoriété internationale se révèle être finalement un handicap, car le champion, sans cesse sollicité à l'étranger, se montre un témoin gênant pour l'idéologie marxiste quand il rentre au pays et évoque auprès de ses compatriotes les avantages de la vie à l'Ouest. Un scénario qui semble sorti tout droit d'un roman d'espionnage, et pourtant, c'est la vérité…

Son après-carrière de sportif est une histoire qui se décline en noir et blanc. Faite de guerre, d'après-guerre et de sacrifices, de reconstruction dans les années cinquante, mais aussi de printemps de Prague, auquel il participe et qui lui vaut six ans de prison, dont il parvient à être dispensé grâce à son prestige. Toujours est-il que Zátopek, malgré son palmarès prodigieux (cinq médailles d'or aux Jeux et dix-huit records du monde obtenus entre 1949 et 1955), est forcé de travailler dans les mines d'uranium de Jáchymov et revient à Prague comme éboueur. Comment imaginer que l'on puisse envoyer un athlète de cette dimension dans les mines ? Il est bien connu qu'à l'époque, dans le bloc de l'Est, les champions sportifs qui acceptaient d'être les ambassadeurs de l'idéologie communiste obtenaient de grands privilèges. Emil Zátopek aurait pu vivre riche et comblé d'honneurs dans son pays s'il avait épousé la cause du régime ! S'il avait cédé et accepté d'être ambassadeur de la Tchécoslovaquie, tout lui aurait été accordé. Mais non ! il résiste. Il est debout ! Je cherche un autre exemple de cette dimension, de ce courage et de cette notoriété, je n'en vois pas. Quelque part, on lui fera payer le fait d'avoir été aussi connu, on lui fera payer sa renommée internationale, c'est épouvantable… Après vingt ans d'oubli et d'humiliations, il sera enfin réhabilité en 1990. En 1998, deux ans avant sa mort, l'athlète reçoit la plus haute distinction de l'État des mains du président écrivain Václav Havel.

Mais revenons au duel Zátopek/Mimoun. Plus qu'un sportif, ce dernier représente incontestablement une certaine idée de la France. Avant sa fameuse médaille d'or au marathon de Melbourne, il avait déjà obtenu trois médailles d'argent, chaque fois derrière le même coureur, en l'occurrence Emil Zátopek. Ce n'est pas, comme disent les Anglais, « *flash on the back* », « juste une fois ». Cette médaille d'or de Melbourne couronne sa carrière olympique, mais n'est qu'une étape dans un parcours sportif qui durera encore dix ans. Mimoun a donc un palmarès extrêmement riche, mais son fait d'armes le plus connu du public français est justement cette fameuse victoire à Melbourne sous un soleil de plomb. Il a pris la tête environ à mi-course et il n'a jamais été rattrapé ! Derrière lui, le deuxième est un athlète yougoslave, Franjo Mihalić, qui entre à peine dans le stade au moment où Mimoun vient de clore son tour de piste ! Une franche et grande victoire. Au départ de ce marathon ne sont présents que des concurrents blancs. Mimoun est l'un des seuls athlètes d'origine maghrébine, mais les marathoniens d'Afrique noire ne sont pas représentés. Un marathon sans Éthiopiens, sans Kényans semble totalement irréel aujourd'hui. Quatre ans plus tard, les choses changeront considérablement avec le coureur aux pieds nus à Rome.

Alain Mimoun… Quel personnage ! Par sa longévité, par sa persévérance, par sa personnalité, par sa valeur d'exemple et puis par son accent coloré ! C'était un homme qui, tous les matins jusqu'à l'âge de 90 ans, courait dans le bois de Vincennes. Il disait toujours : « Je cours pour le général de Gaulle ! » D'ailleurs, c'est assez paradoxal que de Gaulle n'ait pas fait partie des quatre Présidents qui lui ont remis la Légion d'honneur. En tout cas, Mimoun représente une forme de nostalgie d'une France que nous aimions. Aujourd'hui, énormément d'installations sportives portent son nom. Je note à ce propos que, 90 % du temps, on ne prête pas attention à l'histoire des personnes qui ont donné leurs noms aux stades ou aux rues de nos villes. Mais j'espère de tout cœur que même les jeunes générations auront au moins une idée de la personnalité formidable de cet homme.

La rivalité d'Emil Zátopek et d'Alain Mimoun m'en rappelle une autre : celle de Michel Jazy et de Michel Bernard, deux grands coureurs des années soixante.

Michel Jazy est archifavori du 5 000 m à Tokyo 1964. Sous une pluie battante (la pluie vient souvent gêner des sacres annoncés), il était tellement sûr de lui qu'il démarre son accélération trop tôt, alors qu'il avait un finish redoutable. Au lieu de démarrer à 150 m, il démarre à 300 m de la ligne, c'est-à-dire à la sortie du dernier virage. Il prend tout de suite une avance considérable, mais c'est trop tôt… En France, la retransmission de l'épreuve avait lieu en pleine nuit. À la télé, le commentateur de l'époque criait :

– Mais Jazy prend le large ! Attention, il est à l'entrée de la dernière ligne droite, mais Jazy est rattrapé, non, il est doublé, il est deuxième ! Jazy est désormais troisième, et il est maintenant quatrième…

Voilà comment le champion a fini quatrième, la pire place, surtout dans ces circonstances… C'est l'Américain Bob Schul, outsider des outsiders, qui remporte la course. Reste cette image de Jazy sur la piste, accoudé sur une barrière, tellement désespéré… Mais l'année suivante, Jazy bat le record du monde. C'est alors qu'il s'est lancé dans une folle rivalité avec Michel Bernard, qui était l'autre grand coureur de ces années-là. Il y avait les pro-Jazy et les pro-Bernard. Les deux Nordistes étaient très populaires à l'époque. C'étaient de grandes vedettes, souvent invités au journal de 20 heures ou accueillis à l'Élysée par Charles de Gaulle. Ces deux-là, c'est tout juste s'ils ne s'étripaient pas. Fils de mineur, Jazy avait lui-même été mineur, puis était devenu typographe au journal *L'Équipe*. S'il a pu atteindre un tel niveau, c'est entre autres grâce à Jacques Goddet, fondateur du journal, qui lui avait laissé tout le loisir pour s'entraîner.

On a du mal à imaginer ça de nos jours ! C'est une époque qui n'existe plus, mais il n'est pas interdit d'en avoir une certaine nostalgie… Jazy était le héros d'une France à la recherche de symboles, tout comme Alain Mimoun. Des gens que l'on a envie d'aimer tout simplement.

On a souvent tendance à réduire l'athlétisme aux différentes épreuves de course. Pourtant, les autres disciplines sont aussi tellement riches ! Je pense que le saut à la perche, par exemple, est la discipline la plus fair-play de l'athlétisme. J'ai une immense admiration pour les perchistes, en concours déjà, mais aussi pour tout ce qu'ils subissent lors des voyages. Ils n'ont pas de porteur et doivent transporter eux-mêmes leurs perches, très délicates à ranger lors des déplacements. Je suis rentré du meeting de Monaco aux côtés de Valentin Lavillenie, un garçon par ailleurs adorable, et c'est ce jour-là que j'ai réalisé les tracas que cela représentait. Pour les Français, la tradition de ce sport amène les perchistes sur les podiums et souvent même sur les plus hautes marches, mais l'état d'esprit des perchistes est à la modestie et, pour tout dire, ils sont pour la plupart très sympas. De toutes les disciplines de l'athlétisme, c'est à mon sens la plus confraternelle ; cela doit être inscrit dans les gènes de ce sport, car les dangers dans cette pratique sont bien réels. Ce moment où, grimpant dans les airs grâce à la flexibilité de la perche, ils ne peuvent plus qu'espérer avoir accompli le bon geste, celui qui, bien plus que les faire franchir la barre, les fera atterrir sur le matelas. Jamais on ne souhaite l'échec du rival, et c'est sincère. Armand Duplantis, que j'adore, m'a confié à Doha au championnat du monde qu'il a remporté :

– J'ai la chance de pratiquer le plus beau sport du monde.

– Vous voulez parler de l'athlétisme ?

– Non, non, du saut à la perche !

Et c'est vrai que c'est un sport merveilleux. Stéphane Diagana me disait, alors qu'il s'essayait au décathlon :

– Je peux affronter sans souci neuf des dix épreuves, mais il y en a une que je ne peux pas réussir, c'est la perche. Il faut avoir la tête en bas et les pieds en haut ! Le 100 m, le 1 500 m, tout le monde s'en sort à peu près, *idem* pour le javelot ou le disque. La perche, on ne peut pas.

Beaucoup de disciplines de l'athlétisme ont une moindre renommée pour le public ou les téléspectateurs, alors qu'elles ont un véritable attrait esthétique et sportif. Prenons, par exemple, le lancer de disque, que l'on admire déjà dans les sculptures, comme celle du *Discobole*, ou sur les poteries grecques antiques. Je trouve qu'il existe un contraste immérité entre la magnifique gestuelle du disque, discipline antique par excellence, et le peu de crédit qu'on lui porte aujourd'hui. Dans beaucoup de meetings, le disque est absent, c'est un peu injuste et d'ailleurs, en poussant le raisonnement plus loin, les disciplines vraiment antiques ne sont plus, aujourd'hui, les plus suivies dans l'athlétisme. C'est une sorte d'évolution inexorable. Les lancers, de façon générale, sont devenus les parents pauvres de l'athlétisme…

La natation, ou l'art de compter les carreaux

Si la natation figure au programme olympique depuis le début des Jeux modernes, on peut dire que la discipline a bien évolué depuis la première édition ! Déjà, son cadre : au tout début du siècle dernier, les épreuves ne se déroulent pas en piscine, les nageurs s'affrontent en mer à Athènes, puis dans la Seine à Paris. Il faut attendre 1908 pour que la piscine accueille dans ses bassins les compétiteurs. Avant cela, des épreuves pour le moins curieuses et absentes du programme actuel soulèvent pourtant l'enthousiasme populaire, comme le « 100 m pour marins », la « nage sous l'eau » ou le « 200 m course d'obstacles ». En 1896 à Athènes, Alfréd Hajós devient le premier vainqueur du 1 200 m nage libre. Pour cette épreuve, les nageurs avaient été lâchés d'un bateau, au large de la Méditerranée, et devaient regagner la côte. J'adore le commentaire de Hajós au sujet de sa victoire : « Le désir de survivre était plus fort que celui de gagner. » Ou comment en dire long avec bien peu de mots ! En 1908, on expérimente le « plongeon en longueur » : les concurrents plongent puis doivent rester immobiles pendant soixante secondes ou jusqu'à ce que leur tête ressorte de l'eau. L'histoire ne dit pas comment les juges arrivaient à évaluer la performance...

La natation est tout de même un sport très particulier. Si on la considère objectivement, c'est une discipline qui ne tient que par le résultat : le spectacle n'est pas du tout le même que celui des épreuves d'athlétisme. Sous l'eau, les mouvements ne sont pas très visibles, la gestuelle est bien plus difficile à apprécier, le visage et ses expressions sont indétectables. Tout ce que l'on voit du nageur, ce sont ses lunettes et son bonnet. Ça retire beaucoup d'intérêt au spectacle ! En athlétisme, on apprécie les mimiques du stress, de l'effort, de l'exploit. Par ailleurs, il faut bien avouer que la natation est la plupart du temps une suite monotone d'allers et retours. D'ailleurs, le public ne se passionne souvent que pour l'équipe de son pays, contrairement à d'autres sports, comme le patinage, que l'on prend plaisir à regarder quelle que soit la nationalité des concurrents.

J'ai eu l'occasion de parler avec Amaury Leveaux, médaillé d'argent et d'or olympique, de ses cinq à sept heures d'entraînements par jour.

– Alors Amaury, comment ça se passe ? À quoi pensez-vous, pendant tout ce temps ?

– Je compte les carreaux de la piscine pendant des heures...

Je hausse un sourcil : est-il sérieux ?

– Oui, et c'est quand ils me répondent que je me dis qu'il est temps de sortir de l'eau !

Pour moi, ce sport reste un mystère. Un mystère attachant, mais un mystère tout de même. Quelle motivation, quelle détermination faut-il pour passer tout son temps dans une piscine, la tête enserrée dans un bonnet, les yeux qui gonflent sous l'effet du chlore, assommé par le bruit sourd de ces espaces clos… Je ne trouve pas ça très ludique. Pour ma part, j'avoue que je suis un grand adepte des sports en extérieur. Le moindre rayon de soleil participe à l'enthousiasme général d'être ensemble, réunis autour d'une passion.

L'ambiance du bord de piscine ressemble assez à celle d'un stade d'athlétisme. Mais si le stade olympique compte environ 80 000 places en plein air, la piscine rassemble de 10 000 à 15 000 places dans un espace clos. Il faut imaginer le brouhaha, la résonance de ces lieux ! Le silence qui précède les départs est d'autant plus troublant…

Pour autant, la natation est l'un des sports phares, c'est l'un des plus anciens. Comme la course, il ne nécessite aucun autre matériel que son propre corps. « Plus haut, plus vite, plus fort » se retrouve parfaitement dans ces disciplines.

Lorsque j'évoque la natation, de nombreux visages me reviennent en tête. Les Manaudou, bien sûr, Yannick Agnel, et tant d'autres encore. J'ai aussi une pensée pour Johnny Weissmuller, la sensation des JO de 1924. À l'âge de 9 ans, à Chicago, le jeune Hongrois contracte la poliomyélite. Son médecin lui suggère de pratiquer la natation pour l'aider à vaincre la maladie. Johnny guérit, mais il continue à pratiquer ce sport où il excelle. Afin de pouvoir participer aux Jeux, Johnny Weissmuller, alors apatride, se fait passer pour son frère cadet, Peter, qui, lui, est né aux États-Unis. Après ses succès olympiques, la nationalité américaine lui sera accordée et Johnny pourra reprendre sa véritable identité. Le sculptural athlète devient le premier nageur à parcourir le 100 m en moins d'une minute… Il fait chavirer le cœur des femmes et connaîtra les faveurs du public pendant plus d'un quart de siècle. Il devient la première superstar de la natation et contribue à la hisser au rang de discipline reine, elle qui jusqu'alors était considérée comme une activité « exotique » (il faut dire qu'à l'époque une grande partie de la population ne savait pas nager). D'ailleurs, compte tenu de sa nette supériorité sur ses rivaux, certains experts le considèrent encore aujourd'hui comme le plus grand nageur de l'histoire. Mais ce n'est pas tout ! Après toutes ses victoires, Johnny se tourne vers Hollywood pour incarner le premier Tarzan et, dans l'inconscient collectif et la culture populaire, le seul qui vaille. Johnny Weissmuller est un peu l'Arnold Schwarzenegger d'aujourd'hui : l'un d'origine hongroise, l'autre, autrichienne, ils ont le même physique ! Weissmuller a tourné dans une douzaine de *Tarzan*. Mais entre-temps, pour l'inauguration de la piscine Molitor, à Paris lors de l'été 1929, le quintuple médaillé olympique fera office de maître-nageur. Un tel sportif auréolé de médailles d'or qui devient professeur de natation pour « les élégantes » parisiennes… Il a dû récolter un certain succès ! D'ailleurs, à la piscine Molitor, dans ce qui est devenu un hôtel de luxe, se trouve une plaque en souvenir de Johnny Weissmuller.

– 11 –

Mes JO : Londres 2012

Avant même le début de cette édition londonienne, c'est dans les couloirs feutrés du CIO, bien loin des pelouses ou des pistes habituelles, qu'aura lieu la première confrontation franco-britannique. Peut-on parler de ces Jeux sans s'arrêter sur leur attribution ni évoquer la déception française ? Le 6 juillet 2005, le vote se tient à Singapour, avec un jury composé de 116 personnes (les ressortissants nationaux dont une ville est en course ne peuvent pas prendre part au vote tant que leur ville n'est pas éliminée). Moscou est écartée, puis c'est au tour de New York et de Madrid. Il ne reste, « en finale », que Paris et Londres. À première vue, la capitale française semble disposer d'un léger avantage sur sa rivale, puisque la ville se prépare depuis plus longtemps que Londres. Mais, pour être juste, il faut reconnaître que la candidature de Londres était portée par des sportifs, que son film de présentation montrait de jeunes enfants souvent défavorisés pour lesquels le rêve olympique était fondamental. Pendant ce temps, côté français, on a mobilisé Catherine Deneuve ! Je n'ai rien ni pour ni contre cette magnifique artiste, mais qui va croire une seule seconde qu'elle représente vraiment « l'idéal olympique » ?

Jean-Claude Killy, triple champion olympique de ski alpin, est à l'époque à la fois membre du CIO et de la délégation française à Singapour. Après le vote final, une heure interminable s'écoule avant la proclamation, pendant laquelle Jean-Claude prend la température auprès des différents membres du CIO. Il revient vers le banc français où patientent Arnaud Lagardère, Jean-Paul Huchon, Bertrand Delanoë, Jacques Chirac… et leur glisse :

– Je suis confiant, nous avons une vingtaine de voix d'avance.

Après cela, les infos vont assez vite et le vote tombe comme un couperet : Londres recevra les XXXes olympiades. Toute la presse, cameramen et photographes se ruent vers la délégation parisienne. On se souvient de cette photo où les Français donnent l'impression d'avoir pris un coup de poignard dans le dos. Jean-Claude Killy n'est pas homme à raconter des histoires. Alors, que s'est-il passé ? Pour moi, c'est clair, il y a eu des trahisons. Parce qu'un score de 54 à 50, finalement, c'est un retournement de deux voix… La presse a alors parlé de géopolitique, mais quand cela se joue à deux voix près, c'est surtout du lobbying de dernière minute.

La tristesse de Colette Besson, « petite fiancée de la France »

Ce même jour, je me trouvais sur le port de La Rochelle aux côtés de Colette Besson, pour ce qui allait être sa dernière interview. Au moment d'organiser les duplex pour couvrir l'annonce de la ville organisatrice des Jeux de 2012, j'avais choisi de me rendre sur place, d'abord parce que j'aimais beaucoup Colette Besson et ensuite parce que je savais qu'elle était gravement malade. J'aurais été tellement, tellement heureux d'être avec elle si Paris avait gagné !

Colette Besson, « la petite fiancée de la France », est une personne qui m'a énormément marqué. Comme beaucoup, je garde en mémoire l'image de cette jeune femme aux Jeux de Mexico en 1968. Initialement, elle ne devait pas y participer ; elle était même exclue de l'équipe de France pour avoir refusé de se rendre à un stage de préparation obligatoire ! Ainsi, elle ne s'était pas entraînée dans le giron de l'équipe de France, mais se préparait dans son coin à La Rochelle à l'aide d'un coach plutôt rebelle, qui s'appelait Yves Durand Saint-Omer, une sorte de sage, pour ne pas dire de sorcier.

Le 19 mai 1968, Colette Besson plante sa tente au camping municipal de Font-Romeu, un village des Pyrénées-Atlantiques qui se situe à une altitude de 1 800 m, s'approchant des 2 200 m de Mexico. Elle y restera jusqu'au 29 septembre et va ainsi s'astreindre à l'entraînement draconien d'Yves Durand Saint-Omer. À Mexico, complètement acclimatée à l'altitude, elle se présente au départ de la finale plus qu'outsider. C'est déjà un exploit d'être en finale… Mais ses temps lors des courses précédentes étaient bien moins bons que ceux des autres engagées. Pour cette course, la grande favorite est la Britannique Lillian Board. La course démarre, Colette n'est pas du tout en tête, notre jeune Française ne pointe qu'à la cinquième position à l'entrée de la dernière ligne droite. Et puis là, il y a cette image, cette accélération, les cheveux au vent, elle arrache la victoire, quasiment à la photo-finish. Une dernière ligne droite d'anthologie ! Cette victoire est miraculeuse ! Je me souviens de la terrible déception de Lillian Board… Et l'histoire est d'autant plus triste pour la jeune Britannique que moins de deux ans plus tard elle allait s'éteindre d'une terrible maladie à seulement 22 ans.

En décembre 1968, de Gaulle, qui était à la fin de sa présidence, reçoit les médaillés d'or des JO de Grenoble et de Mexico. Parmi eux, on trouve Jean-Claude Killy, Marielle Goitschel et Colette Besson. Il s'entoure des deux dames, l'une à sa gauche et l'autre à sa droite.

Colette Besson pleure toutes les larmes de son corps en écoutant *La Marseillaise* et de Gaulle lui confie :

– Vous savez, Colette, vous êtes la seule femme qui m'ait fait pleurer.

Quel magnifique aveu de la part du général de Gaulle ! Tout ceci contribue à la légende extraordinaire de Colette Besson. Pour la jeune femme, c'est le doux temps de la gloire, des accolades officielles, des décorations et des promesses. Des années plus tard, Colette Besson se retrouve avec à peine de quoi vivre. Comme on peut s'en douter, ce n'était pas du tout l'avenir qu'elle avait imaginé. La jeune femme pensait, peut-être naïvement, qu'un titre olympique et des décorations allaient lui assurer une certaine stabilité et lui permettre de vivre correctement. À cette époque, les retombées de la réussite étaient bien éphémères pour les médaillés olympiques, on est loin des reconversions dorées que vivent certains grands champions d'aujourd'hui...

Toujours est-il que j'ai très bien connu cette championne, ainsi que son mari, avec qui je suis encore en contact et qui a publié un livre, *La Flamme éternelle*. Près d'un mois après l'interview de La Rochelle lors de laquelle nous apprenons ensemble que les Jeux n'auront pas lieu à Paris, Colette nous a quittés prématurément. Et je vais aller au bout de ma pensée. Je suis intimement convaincu que la défaite de Paris a sonné la fin de vie de Colette Besson. Je savais que Colette était malheureusement atteinte d'un mal incurable – elle souffrait d'un cancer des poumons alors qu'elle n'avait jamais fumé – mais je ne pensais pas que sa fin serait si précoce. Elle avait à peine 59 ans... La mort est souvent injuste, mais là, elle s'est surpassée. J'étais à ses côtés lorsque l'annonce du résultat est tombée, et je dois dire que j'ai rarement vu sur l'instant une déception plus grande. Colette avait été nommée ambassadrice parmi d'autres. Il est plus que probable qu'elle n'aurait pas pu vivre ces Jeux de toute façon, mais cette perspective lui donnait de l'espoir.

Humour *so british* pour la cérémonie d'ouverture

Une fois la décision prise, il fallait s'y faire ! Et je dois reconnaître que ces Jeux ont démarré sous une très belle étoile. En premier lieu, la ville nous offre une cérémonie excentrique et drôle, orchestrée par Danny Boyle, celui-là même qui avait réalisé le superbe film *Slumdog Millionnaire* récompensé aux Oscars. Pourtant, il ne paraissait pas si simple de passer juste après le spectacle grandiose de Pékin 2008. Mais Danny Boyle réussit son coup !

Des décors de la Grande-Bretagne rurale d'autrefois puis de la révolution industrielle, la musique faisant partie intégrante du patrimoine britannique, une majorité des chansons diffusées lors de la cérémonie d'ouverture sont l'œuvre d'artistes de légende, comme les Beatles, David Bowie, les Rolling Stones, Queen ou Pink Floyd.

Mr Bean interprète au synthé la musique des *Chariots de feu* sous la baguette de sir Simon Rattle, chef de l'orchestre philharmonique de Londres. Un moment cocasse, *so british* ! Sir Paul McCartney clôt cette somptueuse soirée par *Hey Jude*. À noter que chaque artiste présent à la cérémonie d'ouverture est dédommagé d'une livre symbolique pour sa prestation.

Parmi les scènes à retenir, comment ne pas citer l'apparition surprise d'Élisabeth II dans son propre rôle au côté de James Bond ? On regarde, incrédules, Daniel Craig traverser les couloirs de Buckingham Palace à la rencontre de la reine. Tous les deux montent ensuite à bord d'un hélicoptère qui survole Londres jusqu'au stade olympique, où ils sautent en parachute. Alors que les spectateurs ont les yeux rivés sur les écrans géants, un hélicoptère débarque et lâche deux parachutistes au cœur du stade ! Au même moment, la reine fait son entrée, habillée comme dans le court-métrage. La séquence faisait partie des secrets les mieux gardés du Royaume-Uni et a surpris tout le monde ! C'est très rare qu'il n'y ait pas de fuite, mais c'était le cas cette fois-là. Comment ne pas aimer un pays, une ville qui se donne à voir avec humour, solennité, finesse et autodérision ? Faire participer la reine et ses corgis dans ce show, *so british* !

L'autodérision, que j'adore, est un terme qui convient plus aux Anglo-Saxons qu'aux Français, c'est une certitude. C'est aussi valable à tous les étages de la vie politique en Grande-Bretagne, à commencer par Churchill. Ceci fait partie du cœur de la Grande-Bretagne. Ce soir-là, alors que je ris de bon cœur avec les autres spectateurs, il me vient une réflexion : certes, Paris pouvait être extraordinairement frustrée de ne pas avoir obtenu les Jeux, mais à voir comment ils démarraient à Londres, il fallait mettre ses regrets au rancart. Londres et la ferveur du public britannique méritaient de connaître ce moment. Et cela ne se démentira pas par la suite, ce bonheur partagé se poursuivra *crescendo* pendant toute la quinzaine. Jamais le monde ne s'était autant rendu compte de l'amour des Britanniques pour le sport. Une preuve ? Avez-vous vu ailleurs une queue d'un kilomètre pour assister aux qualifications du tournoi de tir à l'arc féminin ? La voilà, la ferveur olympique !

Un éclair et un géant

Comme attendu, l'immense vedette de cette édition se nomme Usain Bolt : « l'Éclair » a réitéré son fabuleux triplé de Pékin en s'imposant sur les 100 m, 200 m et 4 × 100 m, record du relais à la clé. Autant de victoires qui font du Jamaïcain une « légende vivante », comme il se qualifie lui-même. Les exploits répétés de Bolt propulsent le personnage dans une catégorie unique de l'histoire du sport. La population jamaïcaine est très importante à Londres, et dans le stade olympique figurent davantage de supporters jamaïcains que de supporters américains.

C'est un peu comme si Usain courait « à domicile » ! J'y étais, je me souviens de tout. Bolt leur en a donné pour leur argent ! Le talent et l'impact de l'étoile jamaïcaine relèvent de l'irrationnel et le propulsent au rang des autres « grands », avec Jesse Owens et Carl Lewis. D'ailleurs, si Bolt avait pratiqué le saut en longueur, il serait pour moi « le plus grand ».

La victoire d'Oscar Pistorius est tout aussi spectaculaire que celle d'Usain Bolt. L'athlète sud-africain est le premier double amputé appareillé de prothèses en carbone à participer à une course olympique parmi les valides et il se hisse jusqu'aux demi-finales du 400 m. En 2012, *Time Magazine* l'inclut dans sa liste des 100 personnes les plus influentes au monde, le décrivant comme « la définition même de l'inspiration au niveau mondial ». Si celui que l'on surnomme « *Blade Runner* » est considéré comme un héros national en Afrique du Sud, je dois confier qu'il y a quelque chose chez ce garçon que je ne sentais pas, quelque chose qui relevait d'une part d'ombre. Mon instinct me trompe rarement. D'ailleurs, je n'étais pas le seul de cet avis : en dépit de son exploit sportif, Pistorius ne faisait pas l'unanimité. Je le trouvais un peu artificiel dans ses interviews, ses mots sonnaient téléguidés, son discours, trop juste. En tout cas, le personnage ne m'a jamais convaincu. Il se trouve que l'année suivante, en 2013, Oscar Pistorius sera reconnu coupable du meurtre de sa compagne,

Reeva Steenkamp, top-modèle. Il est condamné en appel à une peine de treize ans de prison qu'il continue de purger. De champion à icône, Oscar Pistorius est devenu un meurtrier, un homme au destin très singulier. Même si je ne l'ai jamais considéré comme l'idole présentée, j'étais bien loin d'imaginer ce qui allait suivre… On se questionne parfois au sujet des artistes : peut-on séparer l'œuvre de celui qui la crée ? Honnêtement, j'ai toujours eu du mal à séparer l'œuvre de l'artiste. Quand j'étais jeune homme, j'ai lu Simone de Beauvoir. Plus tard, j'ai appris qu'elle traitait ses employés, ses domestiques comme des chiens alors que tout dans son œuvre incite à penser l'inverse… On peut me raconter tout ce qu'on veut, non, je m'arrête là ! Donc, pour moi, Pistorius n'était pas une idole, loin s'en faut. Et cela serait le cas même s'il ne s'était pas produit tout ce qui s'est passé ensuite.

En natation, les Jeux de Londres ont vu l'accession au firmament de Michael Phelps qui continue sa moisson de médailles. La star des bassins conserve quatre de ses huit titres olympiques acquis à Pékin avant d'annoncer sa retraite sportive. Finalement, le virus de la compétition, qui ne l'a jamais quitté, le poussera à reprendre l'entraînement en avril 2014, dans la perspective des Jeux de Rio. Par ailleurs, la délégation française effectue une récolte historique. Dans une image qui a fait le bonheur des médias, Laure Manaudou se jette dans les bras de son frère Florent, vainqueur surprise du 50 m nage libre.

Du haut de ses 25 ans, Camille Muffat devient la troisième Française à remporter trois médailles au cours des mêmes olympiades, avec Laure Manaudou et Micheline Ostermeyer. Elle annonce sa retraite sportive en juillet 2014, même s'il y avait dans un coin de sa tête l'idée peut-être de revenir. À peine un an plus tard, elle est victime d'un accident d'hélicoptère terrible au cours du tournage de l'émission de téléréalité « Dropped » et meurt tragiquement le 9 mars 2015 en Argentine. La navigatrice Florence Arthaud et le jeune boxeur Alexis Vastine sont eux aussi victimes de cette tragédie. Camille Muffat était une jeune fille que j'aimais énormément et que j'ai eu l'occasion d'accompagner tout au long de sa brève carrière. Une grosse bosseuse : 15 kilomètres de nage par jour, dimanche compris, organisation quasi militaire. Son entraîneur – qui était aussi celui de Yannick Agnel – était Fabrice Pellerin, un type très dur, pas vraiment un clown, mais qui obtenait des résultats. Même si je pense qu'avec le genre de diamants bruts qu'il entraînait, les résultats seraient venus de toute manière ! Je garde un tendre souvenir de Camille. À l'automne 2013, je me rends à la FNAC de Nice pour une séance de dédicaces de mon livre *Sport – Mes héros et légendes*. Alors que je suis assis à ma table, qui vois-je arriver ? Camille Muffat et Charlotte Bonnet. Les deux jeunes filles ont décidé de venir sans me prévenir. Deuxième surprise, et là c'est tellement rare chez les sportifs, Camille achète le livre. Je le lui aurais bien entendu offert, mais elle insiste et l'achète ! Ça, c'était Camille Muffat. Je m'honore et je suis fier de perpétuer chaque année son souvenir en compagnie de ses parents avec « le trophée souvenir Camille-Muffat » qui a fêté sa cinquième édition au golf club de Valberg sur les hauteurs de Nice. Grâce à Guy et Laurence, ses parents avec lesquels je suis toujours en contact, j'ai le sentiment qu'elle est encore parmi nous, d'une certaine manière. C'est une fille que j'ai vraiment beaucoup aimée. La vie peut être parfois extraordinairement injuste.

Par la force des choses, j'ai eu davantage l'occasion de côtoyer Yannick. D'ailleurs, quand on me demande avec quels sportifs j'ai encore des contacts, en dehors des consultants type Candeloro ou Diagana, c'est son nom qui me vient parmi les premiers. C'est un garçon équilibré, juste et droit. Il est cultivé, s'intéresse à plein d'autres sujets qu'à sa propre discipline. Il n'a pas d'ego surdimensionné et, pourtant, il est celui qui a le plus beau palmarès de la natation française. Voilà un type de personnalité très rare dans le sport français et même international ! Camille et Yannick étaient vraiment très proches, comme frère et sœur. Ces deux personnes sont de belles rencontres qui garderont une place particulière dans mon cœur, chacune avec une personnalité riche et exemplaire.

J'ai parlé plus tôt du fameux relais 4 × 100 m et de son quatuor extraordinaire : Clément Lefert, Yannick Agnel, Amaury Leveaux et Fabien Gilot. Quatre ans après l'énorme désillusion de Pékin où il a fallu se contenter de la deuxième place, les tricolores rendent la pareille aux Américains. Le jour de gloire est enfin arrivé ! Cette victoire homérique du relais symbolise la génération dorée de la natation française. J'ajoute que ce relais n'a pas été aussi linéaire qu'on pourrait le croire ! Les places d'Agnel, de Gilot et Leveaux étaient garanties, mais il restait une place à attribuer. Qui nagerait pour la finale ? Lors des demi-finales, Clément Lefert, le moins connu des quatre, bat le meilleur temps d'Alain Bernard. Les entraîneurs de l'un et de l'autre défendent bec et ongles leur favori. Il me semble que c'est Romain Barnier, entraîneur de Marseille, neutre dans cette affaire, qui a fini par trancher et a décidé d'écarter Bernard, certes champion olympique quatre ans auparavant, mais qui, encore une fois, n'avait jamais fait l'unanimité dans la natation française. À partir de là, plus le choix, il fallait gagner ! C'est une course que je n'oublierai jamais et qui m'a procuré un bonheur tel que je n'avais jamais éprouvé dans un événement de sport, quel qu'il soit !

Il faut aussi souligner que ces nageurs étaient extrêmement populaires et appréciés du public français. Le vent de fraîcheur qui les accompagnait chassait les souvenirs douloureux du marasme de la Coupe du monde de football deux ans plus tôt, où les Bleus s'étaient ridiculisés en refusant de sortir du bus… Ces nageurs ont naturellement pris la place restée vacante par un certain nombre de sportifs, notamment ces footballeurs qui donnaient une image déplorable du sport. D'un côté, des jeunes gens riches, milliardaires gâtés et pas toujours très corrects et de l'autre, des garçons bien élevés, pas riches du tout… Mais tous se sont reconvertis ! Aujourd'hui, Clément Lefert travaille dans une célèbre banque à Londres comme trader, Fabien Gilot dirige un prospère cabinet d'assurances à Marseille, Yannick est conférencier et on s'arrache ses services pour ses cours de management et de motivation. Amaury, lui, tente un come-back et s'y consacre à fond, de même que Florent Manaudou. Je préfère, vous l'aurez compris, cette image-là du sport, celle de la réussite dans le respect des autres et de certaines valeurs…

Teddy Riner, judoka de 2,04 m, n'a jamais oublié les siens dans le sillage de ses succès. Et c'est tout naturellement qu'il invite toute sa famille antillaise et ses amis à venir à Londres, soit une centaine de personnes. Ces invités ne faisaient pas dans la discrétion ! Ils avaient envahi le Novotel de Tower Bridge dans lequel je résidais. Un jour, je pénètre dans l'ascenseur en compagnie d'une dame guadeloupéenne. Je lui demande :

– Vous venez encourager Teddy ?

Très souriante, elle répond :

– Oui, je viens encourager Riner Teddy !

Je me souviens qu'elle avait inversé le nom et le prénom. C'était charmant…

– Vous êtes de sa famille ?

– Eh bien, je suis sa maman, dis donc !

– Madame, est-ce que vous permettez que je vous embrasse ?

– Mais bien sûr !

Ça, c'était avant le combat, auquel tout ce petit monde avait prévu d'assister. Le hic, c'est qu'il n'y avait pas assez de places dans le dojo ; environ la moitié de la famille Riner avait pu accéder à l'arène et l'autre avait décidé de suivre la rencontre ensemble, sur le téléviseur du hall de l'hôtel. Malheureusement, la BBC, la télévision britannique, ne retransmettait pas le judo, un sport qui n'est pas très populaire en Grande-Bretagne. Grosse agitation parmi les proches de Teddy Riner.

– Mais comment est-ce qu'on va faire ? se lamentaient-ils en chœur.

– Écoutez, je leur dis, on a dans nos chambres des prises spécifiques qui nous permettent de suivre la télévision française. Je voudrais bien vous en faire profiter, mais jamais je ne réussirai à faire tenir soixante personnes dans ma chambre !

Finalement, je ne sais pas comment le directeur de l'hôtel s'est débrouillé, mais il était français et visiblement très compréhensif. Toute la famille Riner et ses amis ont pu assister aux différents combats de Teddy, quart de finale, demi-finale et finale. Vous imaginez l'effervescence dans tout son clan quand il réalise son rêve en décrochant l'or olympique des plus de 100 kilos, le seul grand titre qui manquait encore à ce quintuple champion du monde. Avec cette médaille, il entre à son tour dans la légende du sport français. C'est un assez joli souvenir !

Parmi les autres grands moments de cette quinzaine olympique, il me faut mentionner la victoire de Renaud Lavillenie au saut à la perche. En franchissant la barre à 5,97 m, il établit par la même occasion le record olympique. Petite précision : Renaud Lavillenie mesure 1,75 m, alors qu'Armand Duplantis, le recordman du monde aujourd'hui, est plus grand (1,81 m)… C'est un peu le Michael Chang de l'athlétisme ! (Michael Chang, numéro 2 mondial du tennis à l'époque, mesurait 1,73 m). J'ai été aux côtés de Renaud Lavillenie à chacune des étapes de sa carrière, et ce qui me frappe, ce qui me touche, même, c'est de le voir encourager sincèrement Kendricks ou Duplantis, et réciproquement. Je trouve cela formidable ! Lavillenie a gagné le concours à Londres à la suite d'un coup de poker extraordinaire. Après deux essais infructueux à 5,92 m alors qu'il était garanti de la médaille de bronze, il a fait l'impasse et a tenté 5,97 m alors qu'il n'avait plus qu'un seul essai. Formidable exploit ! Il est passé ! À n'en pas douter, c'est un tacticien remarquable.

Les Jeux de Londres n'étaient pas gagnés d'avance pour une cité, rappelons-le, qui avait été frappée dès le lendemain de sa désignation par des attentats meurtriers dans les transports publics. Ni pour une Grande-Bretagne qui a vu quasiment tripler la facture initiale, facture soldée à près de 12 milliards d'euros. Mais il faut le dire, au moment où la flamme s'éteint, la majorité des commentateurs s'accorde à reconnaître que l'organisation des Jeux de Londres 2012 est un véritable succès. « *We loved these games* », peut-on lire à la une de la presse au lendemain de la fête olympique. J'ai moi aussi adoré ces Jeux qui m'ont donné à rencontrer un public tel que je n'en avais jamais vu avant. J'ai découvert un public fair-play, même si ce mot peut parfois paraître un peu dérisoire, un public capable d'applaudir les siens, mais en conservant beaucoup de place dans leur cœur pour les adversaires valeureux. 1,2 million de spectateurs étaient présents pour assister au marathon... D'accord, c'est la seule épreuve gratuite, mais il faut quand même arriver à les caser ! Il y avait pas moins de dix rangées de spectateurs, ils ne voyaient rien, mais ils y étaient ! J'ai adoré, adoré les Jeux olympiques de Londres !

– 12 –

Les médias

Au fil des éditions, les Jeux olympiques sont devenus la manifestation la plus médiatisée et la plus rassembleuse au monde. Inutile de préciser à quel point la retransmission de l'événement a évolué depuis ses débuts, à la fin du XIXe siècle ! En regardant les photos d'athlètes qui posent devant l'objectif, on constate que les métiers de l'image ont vraiment connu une évolution énorme. Cela est peut-être moins apparent pour ce qui est de ces dernières décennies, et pourtant !

Tout commence par le journal papier, qui est à la fin du XIXe siècle un produit de consommation courante. Avec la naissance des agences de presse, comme l'AFP, le monde s'ouvre aux lecteurs et la place du sport devient peu à peu fondamentale. Indissociable de l'écrit, la photographie s'impose à son tour et participe largement au développement du concept olympique et à la célébration des « dieux du stade ». Par exemple, aux JO de Londres en 1908, le fameux marathonien Dorando Pietri est photographié alors qu'il est sur le point de s'écrouler, soutenu par les officiels anglais. Plus de cent ans plus tard, les différents clichés ravivent cette scène et lui offrent une fraîcheur étonnante. On croirait que Pietri est devant nous ! Sa performance héroïque est fixée pour l'éternité. Je pense aussi au portrait d'Alain Mimoun, en 1956 à Melbourne, alors qu'il avait couvert sa tête d'un mouchoir blanc pour se protéger du soleil écrasant. Que dire de la photo des poings levés à Mexico ou de celle de Jesse Owens au départ du 100 m à Berlin ? Quelle force dans ces images ! Je suis très sensible à la façon dont un cliché peut frapper l'imagination et dégager une puissante émotion. Parfois, il n'est nul besoin de mots, l'image parle d'elle-même et montre magnifiquement la souffrance, le courage et toujours la beauté de l'athlète en plein effort.

L'évolution technique de la photo sportive, il faut en parler ! À l'arrivée d'une finale de 100 m olympique, on compte actuellement à peu près le même nombre de photographes que trente ans plus tôt, mais l'immense différence est que, désormais, plusieurs centaines d'appareils sont programmés pour se déclencher et photographier, en substance, la même chose. De toute évidence, je crois qu'à l'avenir de moins en moins d'envoyés spéciaux couvriront les événements et, parmi ceux-là, de moins en moins de photographes sportifs (il n'en est pas de même pour les photographes de coulisse). C'est exactement ce qu'il se passe pour les métiers de la vidéo : dans nos studios, sauf en direct, les caméras ne sont plus actionnées par des cameramen, le commentateur s'adresse directement à l'appareil et non plus à un humain... Je dois avouer que cela me gêne énormément. J'ai toujours entretenu des rapports francs et très complices avec mes collègues techniciens. Comment sympathiser ou fraterniser avec une caméra derrière laquelle il n'y a personne ?

Le premier grand témoignage filmé des JO remonte aux Jeux de Stockholm en 1912. Comme on s'en doute, ce n'était pas un chef-d'œuvre de technicité ! Puis la transmission sans fil, utilisée pour la première fois aux Jeux à Paris en 1924, offre à l'olympisme l'opportunité de donner de la voix. Le son ajoute une force mystérieuse aux performances et apporte une visibilité nouvelle à certaines disciplines, comme le marathon, dont il était jusqu'alors difficile de suivre toutes les péripéties. Désormais, une voiture émettrice suivra les coureurs tout au long de leur parcours. Edmond Dehorter, plus connu sous le pseudonyme du « parleur inconnu », est considéré comme le premier commentateur sportif, l'inventeur des reportages radio en direct ! Il n'hésite pas à prendre quelques risques pour accomplir sa mission : sa présence dans le stade n'étant pas du goût des organisateurs qui privilégient la presse écrite, il s'installe dans la nacelle d'un ballon captif pour les besoins de son reportage ! Mais le vent l'empêche de mener à bien ses interventions ; tenace, il réussit finalement à conquérir un petit espace auprès des journalistes de la presse écrite pour commenter les épreuves en direct.

Autre innovation technique, la photo-finish, qui fait son apparition à Los Angeles, en 1932. Grâce à cette nouvelle technologie, on peut déterminer avec précision lequel des concurrents a franchi le premier la ligne d'arrivée. Puis en 1936, pour les Jeux de Berlin, la télé amorce un nouveau virage, avec des retransmissions dans les théâtres et écrans géants de la ville. Vingt ans plus tard, en 1956, aux JO d'hiver de Cortina en Italie, l'expérience visuelle devient à la fois plus intime grâce à la télévision – une partie du public peut suivre les Jeux depuis son salon – mais aussi plus collective : pour la première fois, le monde entier assiste aux mêmes compétitions, en même temps.

C'est à Rome, en 1960, qu'apparaît le premier bouleversement médiatique : les épreuves olympiques sont diffusées en direct sur les écrans de télévision européens, une petite révolution ! Pour l'événement, 17 pays de l'Eurovision reçoivent les images de la RAI. Quant aux Japonais et aux Américains, ils suivront en différé ces Jeux romains. Les télévisions américaines signent les premiers contrats avec le CIO pour ce qui semble aujourd'hui être une bouchée de pain. Finalement, c'est la ville antique qui a modernisé les Jeux ! Quatre ans plus tard, à Tokyo, l'image voyage et survole les frontières pour le plus grand plaisir des téléspectateurs. C'est le début des Jeux diffusés en direct par satellites. Grâce aux progrès technologiques dont les Japonais sont l'avant-garde, 23 pays européens ont le privilège d'assister en mondovision aux Jeux de Tokyo. Cette avancée technique permet désormais de suivre les épreuves quasiment en temps réel, à des milliers de kilomètres. Placé sur orbite géostationnaire à 36 000 m d'altitude au-dessus du Pacifique, le satellite américain qui assure les retransmissions est surnommé l'« étoile olympique ». Par la même occasion, le monde découvre le fascinant « ralenti ». Tout à coup, les mouvements du sprint, des lancers ou des sauts sont décomposés, analysés. C'est aussi le moment où la lutte s'engage aux États-Unis pour détenir les droits télé, un marché énorme que convoitent surtout les grands *networks* comme le pionnier CBS suivi de près par la NBC et ABC, les chaînes rivales qui font monter les enchères. C'est le début d'une inflation qui va prendre des proportions faramineuses. La loi de la concurrence fait pleuvoir les dollars… pour le meilleur et pour le pire.

La couleur à l'écran arrive en 1968, pour les JO d'hiver de Grenoble. À Mexico, la même année, on parle de 500 millions de téléspectateurs. Tous les yeux sont rivés sur le ralenti du saut du siècle de Beamon, qui passe en boucle sur les téléviseurs. En 1976, pour les Jeux de Montréal, près d'un milliard de personnes s'enflamment devant les exploits de la petite gymnaste Nadia Comaneci. Le nombre de téléspectateurs triple presque en 1984, pour atteindre 2,5 milliards de téléspectateurs fascinés par les performances de Carl Lewis. En 1996, le premier site web des Jeux olympiques est mis en ligne pour l'édition d'Atlanta. De nos jours, les droits de retransmission télévisée atteignent des montants colossaux : pour les Jeux de Londres en 2012, les droits se sont négociés à quelque 2,5 milliards de dollars… Alors, certes, la redistribution des droits télé permet de « faire vivre du monde », et les chaînes s'y retrouvent grâce aux audiences spectaculaires des Jeux. Mais une fois que l'on a énoncé cela, on peut tout de même se questionner. Qui contrôle dans quelles poches tombe cet argent ? Est-on sûr aujourd'hui que les sommes gigantesques touchées par le CIO sont reversées directement à ceux qui le méritent le plus ? Moi, je n'en suis pas certain, et je regrette que tout cela soit d'une opacité totale…

Les revers des médias

Dès mes premiers Jeux d'été, à Barcelone en 1992, je me rends rapidement compte du rôle que jouent les coulisses et de l'importance des dirigeants dans cet événement. De toute évidence, dans sa forme actuelle, le sport ne peut survivre sans la télévision. C'est l'élément clé qui incite les sponsors à investir. C'est ce qui explique la lutte concurrentielle acharnée que se livrent les grandes chaînes d'Amérique du Nord, d'Europe et d'Asie... On ne peut que le regretter : les dimensions éducative, culturelle et humaine des Jeux olympiques s'effacent devant les impératifs d'audience et de parts de marché qui sont les baromètres incontournables de la santé d'une chaîne. À ce petit jeu, le meilleur sport est celui qui rapporte le plus : plus de spectateurs, plus d'argent, plus de publicité. Ainsi, les fédérations sportives subissent-elles la pression des télévisions. Pour survivre et éviter de disparaître du programme olympique, elles modifient certaines règles pour les adapter au format cathodique. En athlétisme, on instaure une minute de concentration pour les lancers ou les sauts, et l'élimination directe pour les faux départs. Sur les courts de tennis, on invente le tie-break, dans l'objectif de répondre aux impératifs horaires des télévisions. En basket, on découpe le match en quarts-temps de dix minutes, qui remplaceront les mi-temps, pour offrir autant d'espaces supplémentaires pour les coupures publicitaires des annonceurs. Pour d'autres disciplines sportives, c'est sur le look vestimentaire que l'on mise pour fabriquer une image « dernier cri », comme les tenues fluorescentes pour les beach-volleyeuses qui s'affrontent en bikini ou les casques futuristes et lunettes profilées des cyclistes... Ainsi, la survie de certains sports peut dépendre d'un visuel purement attractif. À ce sujet, l'équipe féminine de beach-handball française a exprimé le souhait de pouvoir choisir sa tenue, et de ne plus se voir imposer le bikini sur les terrains. Quelques semaines auparavant, les Norvégiennes avaient été sanctionnées à cause des shorts qu'elles avaient décidé de porter pendant le championnat d'Europe et déclenché un véritable tollé largement relayé sur les réseaux sociaux…

À Barcelone, le parfait exemple se trouve dans la médiatisation de la « *Dream Team* » (un nom que je n'aime pas du tout). Si ce n'est pas « ma tasse de thé », je suis persuadé qu'à la télévision américaine c'est ce qui a dû cartonner ! Et c'est la raison pour laquelle l'équipe américaine de basket est rentrée auréolée d'un triomphe à la petite semaine. Peu importe que leurs adversaires n'aient eu ni leurs moyens, ni la même force de frappe, ni rien de ce qui leur aurait permis de lutter contre une équipe composée, entre autres, de Jordan et Johnson. La toute-puissance des médias est une évolution que je rejette de toutes mes forces, mais c'est ainsi. Je ne suis pas suffisamment naïf pour m'imaginer que ma toute petite voix qui prêche dans le désert peut avoir un quelconque retentissement…

Le football américain n'est pas un sport olympique pour le moment, je dis bien « pour le moment », nous verrons pour la suite ! Un match de football américain dure une heure de jeu, pour quatre heures en retransmission télévisée. Un match de basket dure quarante minutes de jeu effectif, sa retransmission s'étale sur deux heures trente ! À partir du moment où les télévisions décident de tout, je suis prêt à parier même que dans ce qu'on appelle le «money time », c'est-à-dire les trois ou cinq dernières minutes d'une rencontre, certaines interruptions de jeu sont prévues pour arranger la télévision ! Je vais être un peu dur mais pour moi, de là à arranger les résultats, il n'y a qu'un pas ! Et j'ai tendance à penser que ce pas a été franchi plus d'une fois.

Winner takes all

L'autre conséquence néfaste que l'on doit aux médias se trouve dans la standardisation du fait sportif. Si la télévision fait découvrir les JO dans les foyers les plus reculés de la planète, c'est selon un choix qui dépend des goûts et des désirs des médias américains et non des critères sportifs. Elle se focalise de plus en plus sur un petit nombre de champions célèbres, qu'elle idolâtre, et sur des disciplines vedettes qui attirent nombre d'athlètes et de sponsors. En conséquence, de très nombreux athlètes de sports considérés comme « mineurs » sont marginalisés. Cette orientation nuit encore plus aux petites nations dont les athlètes moins performants seront ignorés par les caméras. Dans ces conditions, il est donc de plus en plus illusoire de respecter l'un des principes olympiques essentiels : l'universalité du sport. Pour bien comprendre l'idée, il faut se rappeler que tous les pays occidentaux peuvent avoir ce qu'on appelle « un habillage » : des images qui n'apparaîtront pas sur la retransmission finale qui se nomme « le signal international ». Par exemple, une chaîne française mettra une « focale » sur Christophe Lemaître au moment du départ d'un 100 m, quand d'autres pays privilégieront des zooms sur leurs propres athlètes. En France, même si nous sommes essentiellement dépendants du signal international, nous avons tout de même une légère marge de manœuvre. Ce n'est pas le cas de la moitié ou des trois quarts des pays qui vont retransmettre, qui doivent, eux, se contenter du signal international. On ne verra par exemple jamais de zoom sur un athlète du Bénin, et les spectateurs béninois ne le verront pas davantage. « *Winner takes all* », comme on l'a déjà constaté… Je trouve que c'est d'une cruauté invraisemblable. Et ce triste adage touche aussi les athlètes américains ! Quand l'un d'eux est éliminé en série, ou quand il termine quatrième ou cinquième d'une course, il passe son chemin devant les caméras sans que la télévision américaine lui jette un regard ! La plupart du temps, il est interviewé par bon nombre de télévisions européennes, dont France Télévisions, mais pas par son propre pays. Et ces athlètes ne sont pas dupes. Ils le savent, ils le voient, ils le sentent. Combien de fois cela m'est-il arrivé d'assister à pareille scène en zone mixte ? Cinquante fois, cent fois ! C'est d'une cruauté éditoriale incroyable. Voilà ce dont je suis le témoin. J'ajoute que, dans la zone mixte, le journaliste de la NBC peut prendre autant de temps qu'il le souhaite avec le champion. Normalement, les interviews doivent se limiter à une minute, une minute trente. Lui peut s'attarder dix minutes, personne ne lui dira rien. Est-ce là une manière de procéder ?

De la même manière qu'il existe un village olympique pour héberger les athlètes, un énorme bâtiment regroupe tous les médias audiovisuels, les télévisions et radios du monde entier. Tous... ou presque ! Car, juste à côté, une bâtisse presque deux fois plus grande réunit les journalistes et techniciens de la NBC. Rien que la disposition de ces deux bâtiments prouve l'omnipotence et l'omniprésence de cette énorme machine.

Dans la peau des sportifs

Loin de se cantonner à populariser le sport, la télévision permet aussi de faire connaître les sportifs. Aujourd'hui, plus rien ou presque n'échappe à l'amateur qui se montre curieux. Tout est révélé : de la préparation physique aux secrets et tactiques, sans oublier le revers de la médaille. Erreurs, échecs, déceptions, manque de rigueur, indiscipline et parfois tricherie... En conséquence, le sport et les sportifs évoluent en fonction du regard des médias et inversement. Car le constat s'impose : le mariage entre sports et médias fonctionne remarquablement. Je pense que si les Athéniens avaient pu regarder les épreuves à la télévision en 500 av. J.-C., le feuilleton aurait commencé à ce moment-là ! Ce qui fait le fondement de l'admiration que l'on porte aux sportifs, c'est d'être témoin d'exploits physiques impossibles à réaliser pour le commun des mortels. On peut essayer tout ce qu'on veut, on ne peut pas faire aussi bien ! On se plaît à se raconter qu'un sportif est comme nous, mais c'est faux. Au contraire, il faut justement qu'il soit différent, original, particulier. C'est ce qui crée cette admiration. Parfois jusqu'à l'idolâtrie, ce qui est d'ailleurs assez dangereux.

Je pense que les médias ont une très grande part de responsabilité dans la pression parfois insupportable qu'endurent les champions. Moi, je n'ai jamais souhaité être comme cela. Je me veux consolateur, et jamais accusateur, je déteste ça… Et sans aucune fausse modestie, je suis certain que, si je dure encore aujourd'hui, c'est grâce à cette position de principe. Parce que, contrairement à ce que l'on peut croire, les téléspectateurs, les lecteurs, les auditeurs, que sais-je ? ne veulent pas de personnes malintentionnées. Et cela s'applique aussi aux athlètes eux-mêmes, qui ne s'y trompent pas. J'ai souvent assisté à des interviews lors desquelles les sportifs répondent assez durement à la presse. Pourquoi cela ne m'arrive jamais ? Parce que je les respecte, et qu'ils le sentent ! J'essaie d'avoir la délicatesse élémentaire qui consiste à ne pas les heurter, en cas aussi bien de victoire que de défaite. J'en ai parlé avec Andre Agassi, un joueur de tennis qui faisait très peur à beaucoup de journalistes. Au terme de sa carrière, il est devenu un gars très sympa qui s'occupe d'une fondation pour enfants à Las Vegas. Il m'avait alors dit quelque chose qui m'avait touché :

– Vous savez, tous les médias n'étaient pas comme vous, d'ailleurs, je ne vous ai jamais fait peur.

J'ai souvent eu l'impression qu'un champion, lorsqu'il met le pied en zone mixte, s'aventure dans une espèce de « fosse aux lions », notamment à cause des journalistes britanniques de presse écrite, ceux qu'on appelle « les tabloïds ». Je pèse mes mots, car je les ai beaucoup pratiqués et je n'ai jamais vu une ambiance aussi mauvaise. Voilà des personnes avec qui on n'a vraiment pas envie d'aller prendre un verre !

Un autre aspect de la cruauté des médias me gêne particulièrement. Lorsqu'un athlète devient champion d'Europe ou champion du monde, les journalistes se jettent sur lui pour lui parler des Jeux olympiques à venir, sans même lui offrir la possibilité de savourer la joie de l'instant. Quelle drôle de manière de procéder ! Quel manque de respect pour les organisateurs de l'événement en question !

Quoi qu'il en soit, les sportifs continueront à nous faire rêver. Mais qu'en est-il de leur environnement ? Moi qui m'en approche de près, je suis obligé de confier, en toute honnêteté, que cela ressemble parfois à un cauchemar… Ce qui fait rêver, c'est ce qui se passe sur la piste, point final. Parce que les athlètes ont en eux cet idéal olympique, j'en veux pour preuve le nombre de tatouages olympiques très à la mode qu'arborent certains sur leurs épaules. Quand ils atteindront les 80 ans, le tatouage sera peut-être un peu fripé, mais il sera inscrit à jamais sur leur corps, voire à l'emplacement du cœur, car c'est souvent là qu'ils ont choisi de le faire figurer.

Voilà pour ce qui est des médias et de la couverture qu'ils font des Jeux olympiques. La pérennité et la notoriété des Jeux sont assurées grâce à la télévision et aux partenaires associés et c'est tant mieux ! Mais ces partenaires omniprésents et tout-puissants se sont adjugé un monopole certain du spectacle à coups de centaines de millions de dollars. Ils devraient être conscients qu'il y va de leur intérêt d'offrir l'image d'un sport en adéquation avec ses valeurs d'universalité et de respect, celles de l'olympisme. Est-il interdit de rêver ?

Nadia Comaneci à la poutre aux JO de 1976 à Montréal.
© Presse Sports.

Cérémonie d'ouverture à Moscou des Jeux olympiques de 1980, avec la célèbre mascotte Michka.
© Presse Sports.

Finale du relais 4 x 100 m des JO de 1992 à Barcelone dans le stade de Montjuïc, avec au premier plan Carl Lewis.
© Pichon/Presse Sports.

La même année, Carl Lewis au saut en longueur décrochera une nouvelle médaille d'or avec une marque à 8,67 m.
© Boutroux/Presse Sports.

Sophie Moressée-Pichot, Valérie Barlois et Laura Flessel, médaille d'or d'épée par équipe aux JO de 1996 à Atlanta.
© Deschamps/Presse Sports.

Cathy Freeman allume la vasque olympique lors de la cérémonie d'ouverture des Jeux de Sydney en 2000.
© Fel/Presse Sports.

Complicité de toujours entre Hicham El Guerrouj et Nelson Monfort, au meeting Gaz de France en 2008.
© Olivier Andrivon/Icon Sport via Getty Images.

Nelson Monfort congratule Amaury Leveaux et Alain Bernard, médaillés d'argent et de bronze sur le 50 m nage libre des Jeux de Pékin en 2008.
© Henri Szwarc/Icon Sport via Getty Images.

Laure Manaudou célébrant la victoire de son frère, Florent, au 50 m nage libre des Jeux de 2012 à Londres.
© Martin/Presse Sports.

Le couple doublement médaillé, Tony Yoka et Estelle Mossely, aux Jeux de Rio en 2016.

© Franck Saguin/Presse Sports.

Au micro de Nelson Monfort, Christophe Lemaître et Usain Bolt, à l'issue du 200 m à Londres en 2012.

© Martin/Presse Sports.

Teddy Riner, vainqueur des plus de 100 kilos face à Hisayoshi Harasawa, en 2016 à Rio.
© Pierre Lahalle/Presse Sports.

Romain Cannone, dans la posture du petit bonhomme, l'emporte en finale des Jeux olympiques de Tokyo en 2021, face au Hongrois Gergely Siklósi.
© Pierre Lahalle/Presse Sports.

Deux grands champions, l'Italien Gianmarco Tamberi et le Qatari Mutaz Essa Barshim, qui monteront ensemble sur la plus haute marche du podium du saut en hauteur, à Tokyo en 2021.
© Alain Mounic/Presse Sports.

Nelson Monfort réconfortant Kevin Mayer lors de son décathlon à Tokyo en 2021.
© Alain Mounic/Presse Sports.

– 13 –

Mes JO : Rio 2016

En 2016, une nouvelle page de l'histoire olympique s'écrit lorsque Rio de Janeiro devient la première ville d'Amérique du Sud à organiser l'événement. Quelques années auparavant, en 2009, plus de 10 000 Cariocas en liesse découvrent sur un écran géant l'attribution des Jeux de 2016 à leur ville. Les événements sportifs se dérouleront dans trente-trois lieux répartis dans quatre quartiers de la ville : Barra, Copacabana, Deodoro et Maracanã. À ces noms évocateurs, Rio 2016 offre un cadre idéal dans l'une des plus belles villes du monde, aussi vaste que Paris, Madrid et Vienne réunies. On se met à rêver du Brésil, de samba, de plages, du carnaval… Il est évident que ce vernis apporté par les organisateurs brésiliens a fait fantasmer, et que cela a joué en défaveur de la ville rivale, Chicago, surnommée à juste titre « *The Windy City* », « la ville du vent ». Tout ça fleure bon l'exotisme et la fête ! Mais la réalité sera fort différente.

Avec cette obtention qui survient juste après la Coupe du monde 2014, le pays affirme aux yeux du monde son entrée dans la cour des grandes puissances et confirme son statut d'« émergent ». Membre éminent du G20, le Brésil est alors en plein boom économique. En 2009, quand Rio est désignée, le Brésil, plus grand pays d'Amérique du Sud, s'annonce comme la probable cinquième puissance économique mondiale. Le pays est au zénith, les JO viennent consacrer son irrésistible ascension économique, sociale et diplomatique. Mais, dès l'année suivante, l'économie chinoise ralentit et le Brésil souffre de la chute des cours des matières premières, ses principaux produits d'exportation. La situation se dégrade rapidement : l'inflation frise les 10 % et plus de 11 millions de Brésiliens sont sans emploi. Lorsque s'ouvrent les Jeux, la première économie d'Amérique latine traverse sa pire récession depuis les années trente. Sept ans après la désignation de Rio, les célébrations euphoriques qui avaient eu lieu sur la plage de Copacabana ne sont plus qu'un lointain souvenir. Par ailleurs, au moment des Jeux, le pays traverse une grave crise politique. Soupçonnée de corruption, Dilma Rousseff, alors présidente du Brésil, a été suspendue et accusée d'avoir maquillé les comptes publics. Malheureusement, le Brésil est tout simplement l'un des pays les plus corrompus au monde. Favelas rasées sans espoir de relogement pour leurs habitants, spéculation immobilière…

Vous l'aurez compris, je ne suis pas un grand fan du Brésil, d'ailleurs je n'ai jamais été pris par ses mirages. Ces Jeux de Rio ont mis en lumière un territoire en grande souffrance. Vous souvenez-vous de cette photo d'Andrej Isakovic, reporter à l'AFP, qui avait fait la une de l'actualité ? Depuis une favela située au-dessus du Maracanã, trois personnes observent le feu d'artifice tiré dans le stade illuminé pour la cérémonie d'ouverture. Cette image illustre à la perfection la rupture entre ces deux mondes qui ont cohabité pendant la semaine olympique : d'un côté les lumières, le monde moderne, le rêve olympique ; de l'autre, des *persona non grata* vivant dans des maisons de tôle éclairées avec une ampoule nue. En fait, il existe deux Rio. Celle que l'on contemple depuis le sommet du Christ Corcovado, où évidemment, lorsque l'on admire la baie depuis ce point de vue, on se dit que tout est magnifique, tout est merveilleux. C'est d'ailleurs aussi le cas lorsque l'on observe le Christ rédempteur depuis le bas ! Mais très vite on revient les pieds sur terre. Les plages sont sales, et le terrain privilégié des pick-pockets. Ne pensez pas à aller vous baigner sans être au moins deux, afin que l'un surveille les affaires de l'autre ! Et pour couronner le tout, même si personne ne peut être tenu responsable, la météo sera bien capricieuse : il fera gris, humide, moite. (Finalement, pas beaucoup mieux qu'à Chicago, *The Windy City* !)

Oui, je le confesse, malgré ma propension à mettre en avant les points positifs dans toute expérience, je ne garde pas un très bon souvenir de ces Jeux. J'ai trouvé que l'organisation était très artificielle, destinée à masquer les manques et les défauts, en vain. Si cela pouvait peut-être faire illusion auprès des téléspectateurs lointains, qui ne voyaient que de très belles représentations du pays, sur place, je ne connais pas beaucoup d'observateurs qui ont été séduits. Les sites olympiques n'affichent pas complet, loin de là. Les billets sont vendus à la sauvette et les Brésiliens ne se précipitent pas. Même pour la natation, alors que le stade aquatique n'est pas immense, on peut acheter des places au dernier moment. Or si le réalisateur de télévision parvient à masquer le manque de public par des cadrages judicieux, il est difficile de combler les pans entiers de tribunes vides. Et pendant ce temps, les personnes qui vivent dans les favelas nagent dans leur misère habituelle…

Bon, je ne veux pas enfoncer le clou, car sur le plan sportif de belles épreuves ont eu lieu. Mais alors que souvent, entre collègues, il nous arrive de prolonger notre séjour dans le pays hôte, à Rio, on n'avait qu'une seule envie, c'était de rentrer…

Cela dit, la cérémonie d'ouverture nous fait oublier ces mauvaises impressions pendant quelques heures. L'événement est d'ailleurs suivi par plus de 4 milliards de téléspectateurs en dépit du décalage horaire qui force les Européens à veiller tard dans la nuit ! Samba, bossa-nova, feux d'artifice et danse : la bonne ambiance est au rendez-vous, et ça, on ne peut pas le retirer aux Brésiliens.

Des écoles de samba ont les mêmes honneurs que les délégations, en défilant dans une ambiance de carnaval. L'écologie et l'histoire du pays sont mises à l'honneur, ce qui donne par moments une tonalité sérieuse, voire grave, à cette cérémonie qui aura le mérite de ne pas occulter dans l'histoire du Brésil ses périodes sombres d'hier et d'aujourd'hui…

C'est le marathonien Vanderlei De Lima, privé de l'or olympique aux JO de 2004, qui est choisi pour allumer la vasque. En effet, alors qu'à Athènes le Brésilien courait en tête du marathon, un déséquilibré s'est jeté sur lui à 7 km de l'arrivée et l'a précipité hors du parcours. En dépit de l'incident, De Lima est reparti en courant et a pu arracher une médaille de bronze, derrière l'Italien Baldini et l'Américain Keflezighi. Comme l'or lui semblait promis, il recevra en sus la médaille Pierre-de-Coubertin pour son esprit sportif. Lui offrir l'honneur d'allumer la vasque est une belle consolation !

Le dernier porteur de la flamme aurait dû être le roi Pelé, mais, souffrant, il n'a pu être présent à la cérémonie. On déplore également l'absence de Lula et de Dilma Rousseff ; c'est donc le président par intérim, Michel Temer, sifflé par le public, qui déclare officiellement l'ouverture des Jeux dans le difficile contexte politique du pays.

Des Jeux historiques pour les Bleus

Ces Jeux ont des défauts, c'est vrai, mais en ce qui concerne la délégation française, le bilan est très honorable, puisqu'ils obtiennent la septième place au classement des médailles d'or, avec un total de 42 médailles !

En boxe, je me souviens de la charmante histoire de ce couple qui s'était promis de devenir champions olympiques. Et ils l'ont fait ! Ensemble dans la vie, Tony Yoka et Estelle Mossely ont réalisé un coup double en décrochant tous les deux l'or dans leur catégorie (moins de 60 kilos et plus de 91 kilos), lors de combats de haute intensité, et remportant des victoires pleines d'émotions. Je dois dire que j'ai été extrêmement touché par cette histoire. Ils sont tous les deux d'une élégance rare, et offrent au passage une très belle image du « noble art ». Leurs victoires ont d'ailleurs provoqué dans la foulée une avalanche d'inscriptions dans les salles de boxe partout en France ! Il faut savoir que la boxe est l'un des sports où le passage au professionnalisme est des plus délicats, mais que c'est aussi celui où l'on compte le plus de représentants aux JO. Il y a donc du monde au portillon. Pour devenir professionnel, ce qui est l'ambition de tous les boxeurs dits « amateurs », c'est compliqué. Contrairement à ce que certains croient, pour les boxeurs, le Graal, c'est souvent les Jeux olympiques. Et pour beaucoup d'entre eux, leur carrière s'arrête aux JO.

En ce qui concerne Mossely et Yoka, je pense qu'ils ont vécu le plus beau moment de leur carrière à Rio.

Autre temps fort très attendu avec Teddy Riner, porte-drapeau de la délégation française. Le judoka remporte sa deuxième médaille d'or olympique. Il est le grand favori de sa catégorie des plus de 100 kilos et a confortablement battu en finale le Japonais Harasawa. À le voir parfois autant dominer ses adversaires, c'est à croire qu'il n'a qu'à se présenter sur le tatami pour vaincre ! Plus surprenant, le sacre d'une étonnante Émilie Andéol dans la catégorie des plus de 78 kilos. La judokate sera également en or et ses larmes sur le podium vont émouvoir la France entière. Mais cela ne lui vaut pas la reconnaissance de son pays et de ses sponsors pour autant. Son après-carrière se révèle désolante… Une chute d'autant plus difficile pour cette sportive qui s'est dévouée corps et âme pendant des années et idéalisait le titre olympique. Et ce n'est pas un cas isolé. J'ai en tête le souvenir douloureux de Colette Besson. La difficulté de dépasser l'après-succès sportif est une ritournelle pour bon nombre d'athlètes médaillés olympiques, et Émilie Andéol en est tout à fait le symbole. Dans une discipline, comme le judo, qui me semble plutôt en essor et dans laquelle on pourrait vraiment attendre de la solidarité, je trouve cela profondément choquant. Aux dernières nouvelles, l'Orléanaise chercherait du travail.

Phelps : l'ogre olympique

À l'international, c'est du côté de la natation que les regards se tournent, avec l'apothéose absolue du plus beau palmarès olympique de tous les temps. À 31 ans, Michael Phelps, « le requin de Baltimore », s'empare d'une bonne partie des podiums, avec cinq nouvelles médailles d'or et une d'argent. L'histoire est d'autant plus belle qu'elle n'était pas écrite d'avance, puisque Phelps avait décidé de quitter les bassins après les Jeux de Londres, avant de se raviser deux ans plus tard. Son retour en 2014 a ensuite été entaché d'une dépression et de problèmes d'alcool, qui lui ont valu une suspension de six mois par la Fédération américaine de natation. Comment croire qu'il pourrait être au niveau deux ans plus tard ! Pour la star américaine des bassins, les Jeux de Rio ont donc été teintés de revanche et de rédemption. En effet, il se devait de décrocher l'or olympique ! Pour moi, c'est un peu comme à Hollywood, lorsque l'on remet un Oscar d'honneur pour l'ensemble d'une carrière. Quel palmarès vertigineux : 23 titres olympiques et 28 médailles ! Phelps a pulvérisé tous les records des JO, modernes et antiques compris, puisque avec ses 13 médailles d'or en épreuves individuelles il a battu le grand Léonidas de Rhodes, qui en 152 av. J.-C. avait reçu 12 lauriers, un record resté invaincu pendant deux mille cent soixante-huit ans. Ce record-là, on peut dire qu'il n'est pas près d'être battu !

Comment expliquer la domination de Michael Phelps ? Comment ne pas être admiratif devant une telle longévité au plus haut niveau mondial ? Je dois avouer que, dans les faits, je suis assez partagé. J'ai côtoyé Michael Phelps longuement au cours de ces trois olympiades mais, en tout et pour tout, je n'ai dû obtenir qu'une vingtaine de secondes d'interview. Et je ne suis pas le seul dans ce cas-là. C'est un malin, Phelps ! Et à votre avis, pourquoi a-t-il tenté ce come-back ? Pour une raison extrêmement simple : parce que la NBC lui a demandé de revenir. Je n'écarte pas le fait qu'il ne voulait pas s'arrêter sur l'image de ses frasques liées à l'alcoolisme. Mais la NBC réclamait une star et Michael Phelps semblait le candidat parfait. Son diktat sur les horaires et les compétitions a fait le reste : une parfaite indifférence de Phelps pour les médias autres que cette chaîne. Je m'explique : un athlète a parfaitement le droit de secouer la tête en passant devant la zone mixte en lançant : « *No, thank you…* » Ce qui est moins correct, c'est lorsqu'il se dirige tout droit vers la NBC, qui occupe bien sûr la première place, pour lui accorder une interview, puis traverse la zone mixte sans même un regard pour les autres médias. Cette attitude ternit l'image de Phelps. Je n'ose penser que la NBC lui ait interdit formellement de s'adresser aux autres télévisions… Mais tout de même. Encore une fois, la personnalité ne peut être complètement disjointe de l'exploit. Et le statut de « star » ne change rien : Michael Phelps est à la natation ce que Bolt est à l'athlétisme ; or ce dernier ne s'est jamais comporté ainsi. Je clos cette parenthèse sur ses relations avec les médias, cela n'enlève rien au fait que c'est un nageur exceptionnel. Et puis, il paraît que, lorsque Yannick Agnel est parti s'entraîner pendant un an à Baltimore, Phelps l'a vraiment accueilli très gentiment et pas comme un rival. Il aurait pu le regarder de haut, mais pas du tout. C'est important de souligner cette solidarité entre nageurs, une solidarité qui s'étend au-delà des nationalités.

La seule interview que Michael Phelps m'ait vraiment accordée, c'est à la Ryder Cup de golf en 2018, où il supportait l'équipe américaine. D'ailleurs, assez peu de gens l'avaient reconnu, car dès qu'un nageur est sorti des bassins, il est difficile à repérer. Cette fois-là, il m'a accordé fort gentiment une interview qui n'était pas du tout prévue.

Je me dois aussi de revenir sur la performance de Florent Manaudou, double médaillé d'argent au 4 × 100 m et 50 m nage libre, battu d'un centième par l'Américain Anthony Ervin sur le 50 m. Ce qui est intéressant dans cette défaite, c'est le fait qu'il m'ait confié que ce petit centième est celui qui l'a poussé à revenir à la natation pour les JO de Tokyo 2020. S'il avait obtenu une deuxième fois le titre de champion olympique du 50 m, il ne serait pas revenu. Et comme son retour s'est accompagné de succès, cette course perdue d'un cheveu lui aura porté bonheur. Parfois, notre destin se joue à un centième près !

La suprématie jamaïcaine sur les pistes

La Jamaïque empoche cette année-là 11 médailles dans les courses de vitesse. Au sommet, bien sûr, l'inégalable Usain Bolt, ce qui n'est une surprise pour personne tant il domine son sujet, mais les femmes elles aussi se sont distinguées dans cette moisson impressionnante, d'autant plus impressionnante quand on parle d'un pays de moins de 3 millions d'habitants ! Ne vous imaginez pas que tout le monde pratique le sprint sur l'île ! Il faut savoir que le sprint jamaïcain a toujours reposé sur une élite. Cela n'a rien à voir avec la préparation soviétique ou celle d'Allemagne de l'Est dans les années soixante-dix, quatre-vingt, quatre-vingt-dix, ni avec ce qui se passe sur les campus américains. En Jamaïque, on ne trouve pour ainsi dire pas de campus. C'est un pays extrêmement pauvre, qui souffre d'une violence endémique. Pour beaucoup de Jamaïcains, il s'agit tout simplement de « sortir de la misère ». Et parfois, cela passe par une bonne foulée ! Usain Bolt a d'ailleurs très honnêtement avoué que, sans l'athlétisme, il aurait pu mal tourner.

Lavillenie chahuté

Quatre ans après Londres et le coup de poker de Lavillenie, alors qu'une deuxième médaille d'or lui tendait les bras, le perchiste français est battu sur le fil par le jeune Brésilien Thiago Braz Da Silva au prix d'un nouveau record olympique (6,03 m). Un très grand moment ! Personne ne s'attend à ce que le Brésilien batte son propre record de 10 cm sur son dernier saut… Le public brésilien s'enflamme, les sifflets résonnent dans le stade quand les perchistes rivaux se présentent sur la piste d'élan. Il faut le dire, ce sont des pratiques contraires aux valeurs olympiques, et encore plus au concours du saut à la perche ! Cette réaction montre malheureusement que le public brésilien est bien plus coutumier des mœurs du football que de celles des JO. Excédé par les sifflets, Lavillenie tend sa main, pouce baissé, en direction des tribunes. Par la suite, il enchaîne les propos maladroits face aux médias, compare sa situation à celle de Jesse Owens en 1936 et qualifie la foule de « public de merde ». Au moment de recevoir sa médaille d'argent sur le podium du stade olympique de Rio, le public le hue abondamment, au point d'arracher quelques larmes au champion français… J'ai à ce sujet une politique bien définie. Un sportif, un acteur, un chanteur, ou quelle que soit la personne qui est dans l'arène, ne doit JAMAIS répondre au public. Sa réponse doit s'exprimer sur la piste, à travers ses exploits. J'en conviens, cela peut être évidemment très difficile de prendre sur soi dans ces moments-là. Mais toute autre attitude entraîne des réactions incontrôlées et douloureuses pour la victime des sifflets. Plus modestement, je me suis déjà retrouvé face à ce type de situation, et savez-vous ce qui résonnait dans ma tête ? « Ne pas répondre, ne pas répondre ! » Enfin, c'est ainsi. Les propos malheureux de Lavillenie ont terni son concours de saut à la perche, pourtant historique, comme ils le sont d'ailleurs tous, grâce à la formidable magie inhérente à ce sport. Lavillenie avait réalisé un beau coup de poker en 2012, mais cette fois-ci, à Rio, le vent a tourné. Et le manque de fair-play du public n'entache en rien la performance de Da Silva, qui mérite pleinement son sacre.

Le chemin de croix de Diniz

Pour terminer ces Jeux, hommage à un athlète hors du commun, bien loin des standards des champions : la médaille d'or du courage sera décernée à Yohann Diniz lors de la terrible et ingrate épreuve du 50 km marche sur route. Si la marche athlétique n'apparaît pas comme la discipline olympique la plus glamour, elle est pourtant considérée comme un sport royal par les experts. D'ailleurs, le quadruple médaillé d'or, Robert Korzeniowski, le souligne bien quand il dit : « Dans les récits historiques, on ne voit jamais le roi courir, mais toujours marcher d'un pas majestueux. »

En tout cas, à Rio, les images du 50 km dantesque de Yohann Diniz ont marqué les esprits. Il faut dire que Diniz les attendait, ces Jeux de Rio ! Après avoir abandonné aux Jeux de Pékin en 2008 et avoir été injustement disqualifié à Londres en 2012, il misait gros sur cette course. Mais quel calvaire pour le marcheur en proie à des problèmes gastriques, avançant sous un soleil de plomb, s'arrêtant à plusieurs reprises, titubant, chutant, se relevant pour chaque fois repartir... Yohann était « programmé » pour terminer la course, coûte que coûte. Finalement, les derniers mètres ressemblent à une délivrance, il franchit la ligne livide, les « bras en croix », c'est le Christ crucifié sur la piste de Rio. Il obtient la huitième place puis perd connaissance. Totalement exténué et déshydraté à l'arrivée, il sera transporté à l'hôpital. Le marcheur français est allé jusqu'à l'extrême limite de ses forces. J'étais là, juste à côté, et très mal à l'aise, avec l'impression tenace d'être une sorte de « croque-mort ». Évidemment, on ne peut pas anticiper qu'une chose pareille puisse se produire. Mais j'étais gêné de me retrouver là, parmi nombre de journalistes français venus eux aussi pour Diniz. Je me souviens qu'à son arrivée on me glisse dans l'oreillette :

– Ce serait bien d'avoir un mot de Diniz...

– Alors là, ce ne sera pas avec moi !

Naturellement, il n'y a pas eu d'interview. Hors de question pour moi de violer l'intimité de cet athlète !

Comme l'épreuve de marche se déroule sur asphalte, Diniz s'entraîne sur les routes de Gueux, dans la Marne. Il est postier, grâce à quoi il bénéficie de conditions d'entraînement privilégiées. Les marcheurs, comme chacun le sait, adoptent une démarche particulière, ils se dandinent un peu. Il m'a dit un jour qu'il n'était pas rare qu'il se fasse alpaguer et moquer, traiter de gay… Je trouve cela un peu fort. Il s'agit d'une discipline extraordinairement difficile pour laquelle il y a très peu d'argent en jeu, alors si en plus on se fait insulter quand on s'entraîne ! Yohann a quelque chose du « Pierrot lunaire », qui fait de lui un être très attachant. C'est le genre de personne qui oublie vous avoir donné rendez-vous, mais cela n'est ni par méchanceté ni par négligence. À mon avis, Yohann Diniz est un authentique olympien, qui incarne à merveille une discipline particulièrement âpre, peu médiatisée, et où l'argent est quasi absent, le sport à l'état pur… Diniz ne connaîtra malheureusement pas le sacre olympique à Tokyo, contraint une fois encore à l'abandon après deux heures quinze d'une course chaotique. À 43 ans, la chaleur tokyoïte a eu raison de lui.

Pour en revenir à l'organisation des Jeux de Rio, on craignait le virus Zika, des stades inachevés, des manifestations contre le pouvoir… Au final l'édition aura lieu sans incident majeur et c'est déjà une petite surprise. Mais une fois la flamme éteinte et les festivités passées, le retour à la réalité sera douloureux pour le pays. Alors que le Brésil traverse une crise économique, politique et institutionnelle, l'organisation des Jeux n'a fait qu'accroître ses difficultés. Au football, on appellerait ça marquer un but contre son camp.

Personnellement, en y repensant, je garde l'impression d'un gigantesque trompe-l'œil où l'on a tenté de masquer une certaine réalité à travers pas mal d'artifices ; la débaptisation du stade olympique (qui s'appelait « stade João-Havelange ») est pour moi symbolique de cette mascarade. Il serait trop long de revenir ici sur les raisons de cette décision où se joue la réputation de Havelange, mais des habits neufs et mal ajustés ne suffisent pas à gommer une réalité embarrassante.

De plus, jamais le diktat de la NBC ne s'est fait autant ressentir que lors de cette édition, avec des horaires modifiés pour le bon plaisir des téléspectateurs américains qui, la plupart du temps, se fichent comme d'une guigne de l'athlétisme ou de la natation qui ne sont même pas retransmis en direct aux États-Unis. Alors pourquoi obéir à ces exigences ? Cela ne me plaît pas du tout. Peut-être suis-je d'une autre génération, et je crains que cela se passe de plus en plus ainsi…

Heureusement, la chaleur des Brésiliens, leur sens de l'accueil et leur bonne volonté ont compensé les nombreuses imperfections de ces JO et fait passer beaucoup de choses.

– 14 –

La face sombre des JO

Les Jeux olympiques sont la source de tant de bonheurs ! Pourtant, je ne veux pas cacher le revers de ces semaines chargées d'émotions. Réclamations, injustice, dopage… On pourrait penser, avec la multiplication des affaires, que cela empire avec le temps. Mais je dirais que ce n'est pas vrai pour tout. Tout n'a pas toujours été rose dans les coulisses des semaines olympiques !

Nurmi, sacrifié sur l'autel de l'amateurisme

Commençons par la chasse aux sorcières qui s'abat à Los Angeles en 1932. À l'époque, la sacro-sainte règle de l'amateurisme règne. Cette règle n'est pourtant pas nouvelle, elle remonte au tout premier Congrès olympique, qui se tient dans le grand amphithéâtre de la Sorbonne, en 1894, et réunit près de 2 000 personnes de divers pays. Lors de ce congrès (qui voit naître le CIO), une décision est prise : seuls les athlètes qui pratiquent leur sport sans en tirer un quelconque avantage financier ou matériel seront admis aux Jeux. Au XIXe siècle l'image du sportif est souvent incarnée par un gentleman, issu de l'aristocratie, qui a du temps à consacrer à la pratique du sport et à un entraînement digne de ce nom pour être à un bon niveau. Gagner sa vie n'est pas pour lui une nécessité. Les classes populaires n'ont pas ce loisir. Mais, après la Première Guerre mondiale, l'accès au sport se démocratise et sa pratique attire des personnes issues de classes moins aisées. Cependant, ces athlètes ne peuvent pas consacrer autant de temps aux entraînements et aux compétitions sans tirer un revenu de ces activités.

C'est ainsi que Paavo Nurmi et Jules Ladoumègue deviennent les victimes emblématiques de cette règle. Il me faut dire un mot de Paavo Nurmi, incontestable vedette de l'édition de 1924. Il a quand même cumulé neuf médailles d'or au cours de trois olympiades, un record uniquement égalé par Carl Lewis et Usain Bolt dans cette discipline ! L'exploit qui l'emporte sur tous les autres a eu lieu le 10 juillet 1924, où, en moins de deux heures, Paavo Nurmi (qui courait toujours un chronomètre à la main, ce qui est interdit aujourd'hui) remporte le 1 500 m et le 5 000 m. Toujours en 1924, le Finlandais sort vainqueur du cross individuel, une épreuve qui est d'ailleurs courue pour la dernière fois à cause du nombre d'hospitalisations lors de cette édition !

La chaleur suffocante qui régnait durant la compétition provoque malaise sur malaise. Seuls quinze concurrents terminent la course. Huit autres, évanouis pour la plupart, sont évacués sur des brancards… Une hécatombe ! Face au nombre de blessés, les fonctionnaires olympiques décident d'interdire désormais le cross-country aux Jeux olympiques. Qui aurait misé sur l'homme du froid pour terrasser tous ses adversaires sous la canicule ?

Malheureusement, ces victoires auront de lourdes conséquences : à la fois elles offrent à Nurmi ses premiers contrats publicitaires, mais ces mêmes contrats conduisent à sa disqualification. Il y a quelque chose de sournois dans cette histoire, de très sournois… Cela s'était déjà produit auparavant avec Jim Thorpe, mais le contexte était différent : il était déjà professionnel avant d'accomplir ses exploits olympiques. Pour Nurmi, c'est plus désolant : c'est grâce aux Jeux qu'il devient professionnel, et c'est parce qu'il devient professionnel qu'il ne peut plus se présenter aux Jeux.

En 1932, le « Finlandais volant » est donc radié pour professionnalisme et n'obtient sa réhabilitation qu'aux JO d'Helsinki 1952 où il allumera la flamme olympique ! Ce jour-là, quand il franchit les portes du stade, la torche à la main, le public transporté se lève comme un seul homme. Nurmi, la légende vivante, l'homme aux neuf médailles d'or olympiques, la fierté de tout un peuple ! Il est acclamé de longues minutes, l'hommage est bouleversant.

Le fait qu'il porte la flamme était un pied de nez formidable à l'adresse de certains membres du CIO, qui devaient sans nul doute avoir du mal à se regarder dans le miroir. D'autant qu'on peut imaginer que certains de l'équipe de 1952 étaient déjà là vingt ans plus tôt quand il s'agissait d'interdire à Nurmi de participer aux JO et d'obtenir peut-être une dixième médaille d'or ! Quel double jeu de reconnaître vingt ans plus tard les mérites de cet athlète qui avait été déclassé, disqualifié, banni ! Et cela ne s'est pas arrêté avec Nurmi !

Pour Jules Ladoumègue, athlète français spécialiste des courses de demi-fond, il s'agit d'une triste affaire liée à de menues primes qui priveront « Julot » des Jeux américains en 1932. Un traumatisme à vie pour lui et sans doute pour beaucoup d'autres. Voilà une des faces très sombres de l'olympisme, un règlement totalement hypocrite.

Argent, quand tu nous tiens !

Vous l'avez compris, je ne prône pas du tout un retour à l'amateurisme et ses excès. En revanche, je déplore que les sports « professionnels » trouvent leur place au cœur des JO. Il me semble que certaines disciplines ont une véritable culture de l'olympisme. D'autres, en revanche, comme le tennis ou le football, investissent un calendrier qui se déploie aussi en parallèle des Jeux. Le kayak, la gymnastique, la lutte ou le judo, pour ne citer que ces sports, ont bâti toute leur structure autour des Jeux. Il faut garder en tête que les athlètes traditionnels des Jeux olympiques s'entraînent pendant quatre ans en vue de cette unique échéance. C'est un travail de l'ombre parsemé d'embûches, surtout si le pays ne soutient pas ces futurs champions, ne serait-ce que pour leur permettre de s'entraîner au mieux. Souvent, ils sont virtuoses dans des catégories obscures, aux règles parfois mal connues, qui ne sont mises en lumière qu'une fois tous les quatre ans…

Depuis leur plus jeune âge, les athlètes évoluent dans des eaux qui n'ont qu'une seule et même embouchure. Ces disciplines se focalisent sur ces deux semaines de compétition organisées tous les quatre ans. Leur agenda de carrière lui-même est quasi exclusivement planifié à partir de ces échéances. Les stratégies individuelles sont certes adaptées à l'athlète, mais toujours orientées vers les Jeux. Tout un édifice, bâti pierre par pierre depuis l'enfance jusqu'à la fin de carrière, repose ainsi sur les Jeux. Comprenez-vous pourquoi le retentissement d'une défaite ou d'une absence à une édition est beaucoup plus fort pour un gymnaste ou une kayakiste, par exemple, que pour un footballeur ?

Ce rendez-vous quadriennal nourrit une lourde pression, qui, chez certains, est insupportable. Une simple barre ratée dans un concours d'équitation lors des qualifications compromet tout. Un faux départ, une chute, un mauvais passage de témoin et c'est quatre ans de préparation qui s'écroulent. Tout ceci est d'une très grande cruauté. C'est d'ailleurs la raison pour laquelle j'ai toujours essayé de dédramatiser une contre-performance lors des interviews et de rappeler aux sportifs leurs exploits et leur palmarès lors de championnats d'Europe ou du monde. Il est rare que celles et ceux qui brillent aux Jeux ne brillent pas lors de ces grands championnats.

Par ailleurs, la quête absolue d'une médaille crée parfois un précipice psychologique, un immense vide une fois l'objectif atteint. C'est là où la satisfaction et la déception peuvent se rencontrer. Évidemment, il vaut mieux sortir des Jeux avec une médaille d'or qu'avec une quatrième place. Mais même si l'on est satisfait de ses performances, une fois que cet objectif est atteint, l'excitation et la concentration laissent place à une impression de vide. J'en ai notamment parlé avec le nageur Yannick Agnel, qui avoue ne pas « être bien sorti de l'eau » selon l'expression consacrée, ce qui est vrai.

– Mais après mes deux titres à Londres, qu'est-ce que je pouvais espérer de mieux ?

Voyez ces athlètes qui tentent un come-back uniquement avec en ligne de mire les JO, comme Florent Manaudou s'est entraîné d'arrache-pied pour son retour dans les bassins. Ce n'est pas pour obtenir le titre de champion de France qu'ils ont dépensé tant d'énergie… Ce Graal olympique est d'une cruauté sans nom et, pour peu que l'athlète soit un peu fragile, c'est compliqué, très compliqué à gérer…

Forcément, cela renvoie à ce qui arrive à ces sportifs lorsqu'ils se trouvent privés de Jeux pour des raisons qui ne leur appartiennent pas, boycott de leur pays ou pandémie qui paralyse le monde entier… Impossible d'imaginer la terrible frustration que doivent ressentir ceux qui ont tout misé sur cette échéance et qui ne peuvent y participer… Au risque de choquer et toutes proportions gardées, je pense que le boycott est pire qu'une pandémie, même si les conséquences pour les athlètes en sont les mêmes. Dans ce deuxième cas, le monde entier est logé à la même enseigne, alors que le boycott, en revanche, n'annule pas les Jeux pour le reste des concurrents ! Et comme le dit le fameux adage : « Les absents ont toujours tort »… Dans les mémoires ne restera que le vainqueur, et pas celui qui aurait pu l'être…

La dimension financière est bien présente également pour ces disciplines olympiques et leurs fédérations. Pour un athlète de discipline olympique, une médaille aux Jeux, c'est une prime exceptionnelle. Pour vous donner une idée, la moitié des athlètes français présents aux Jeux de Rio gagnait environ 500 euros par mois de revenus par le biais de son sport. Or la prime d'État accordée aux athlètes pour une médaille varie entre 13 000 et 50 000 euros, soit parfois cent fois plus que leurs revenus mensuels ! Toujours à titre d'exemple, le footballeur Kylian Mbappé – qui avait émis le souhait de participer aux Jeux de Tokyo – gagne environ 2 millions d'euros mensuels. Autant dire qu'une prime aux Jeux ne représente même pas de l'argent de poche pour lui qui gagne mensuellement environ quarante fois plus... Pour certains, c'est un Graal, et pour d'autres, c'est un gobelet de carton !

Vous rendez-vous compte du gouffre qui existe entre le niveau de vie d'un kayakiste professionnel et celui d'un tennisman ou d'un footballeur ? Voilà pourquoi je pense que certains sports comme le tennis ou le golf (qui font par ailleurs partie de mes sports préférés) ont une place plus que discutable aux JO. Aujourd'hui, on avance que les plus grands footballeurs vont participer aux JO. Mais quel sens cela a-t-il ? Qu'ont-ils en commun avec les rameurs, les haltérophiles, les boxeurs amateurs ou les tireurs à l'arc qu'ils côtoieront peut-être au village olympique ? Ce n'est pas la même conception du sport, ce n'est pas la même vie, ce n'est pas le même objectif. Ils ne rencontrent pas non plus les mêmes difficultés à pratiquer leur discipline.

D'ailleurs, un élément illustre bien ce fossé entre les uns et les autres. Depuis trop longtemps, les athlètes dits « stars », qui sont désormais très nombreux, ne veulent plus être logés au village olympique. Parlons-en, d'ailleurs, de ce lieu ! Jusqu'aux JO d'été de 1924 à Paris, tous les athlètes et les accompagnateurs séjournaient dans des endroits différents autour de la ville hôte, ce qui multipliait les dépenses pour les comités olympiques nationaux. Pierre de Coubertin a alors l'idée de rassembler les athlètes dans un même espace pour les Jeux de Paris 1924. Ce « village » jouxte donc le stade et il est constitué de maisonnettes, de cabanes en bois au confort spartiate et sans charme, sorties de terre dans cette banlieue triste. Le village olympique est né, et il n'a plus jamais quitté les Jeux depuis, tout en gagnant en confort au fil des éditions. J'ajoute que c'est vraiment une spécificité des Jeux, il n'existe pas de structure équivalente pour les autres compétitions, comme les championnats du monde. Cette organisation est propre aux Jeux et à l'esprit olympique. Pendant près de cinquante ans, jusqu'en 1972, les médias avaient libre accès au village, de même que les spectateurs, qui pouvaient se promener du côté du village olympique. Celui-ci n'était entouré ni de barrières ni de clôtures. Une véritable césure s'est produite à partir de Munich 1972 et du terrible attentat.

Le village olympique est en principe « un havre de paix » dans lequel les meilleurs athlètes du monde entier se reposent et se concentrent entre deux épreuves de la compétition. Enfin, « se reposent », tout est relatif ! Une règle implicite rappelle d'ailleurs que « ce qui se passe au village reste au village » ! En effet, de savoureuses anecdotes sont liées à ces lieux. Des rencontres formidables se sont produites au village olympique, notamment celle du roi de Suède avec une hôtesse allemande aux

Jeux de Munich 1972 précisément. Albert de Monaco et Charlène également, ce même Albert de Monaco qui logeait au village olympique à titre d'exemple lors de sa participation aux Jeux d'hiver de Calgary en 1992 dans la catégorie du bobsleigh. Sans compter la rencontre olympique d'Emil Zátopek et de Dana, l'une des plus belles histoires d'amour des Jeux. Il est possible que bien des bébés aient été conçus dans des villages olympiques ! À ce sujet, la presse a fait grand bruit des lits prévus pour les Jeux de Tokyo, des meubles construits en carton qui ne résisteraient pas aux tendres échanges de deux athlètes.

Aujourd'hui, et c'est terrible à dire, la principale motivation de la plupart des sportifs stars est d'échapper à tout prix au village pour bénéficier de chambres dans des hôtels de luxe. Les tennismen connus, à ma connaissance, n'ont jamais logé au village olympique, tout comme les golfeurs. Bizarrement, les sports hyperprofessionnels sont les plus concernés. À mon sens, tous les athlètes devraient être réunis dans ce village. Certains athlètes américains sont plus proches d'athlètes jamaïcains que de leurs concitoyens, parce qu'ils sont dans la même « *team* » : Nike, Puma, Adidas, etc. Ce sont essentiellement les marques qui décident de qui va loger où… Je suis personnellement favorable à deux règles (que j'imposerais volontiers à tous les athlètes) : obligation de loger au village olympique et de laisser son portable aux vestiaires lors des cérémonies d'ouverture et de clôture. Même si c'est tentant pour ces jeunes sportifs, rien de plus dérisoire que de voir ces défilés d'athlètes prestigieux, smartphones brandis, se filmant ou faisant des selfies... Certes, ils sont jeunes et appartiennent à leur époque, mais quel dommage de sacrifier la symbolique de ces instants à quelques plaisirs technologiques !

Voilà comment la communauté des sportifs, qui se réunit tous les quatre ans, a été remplacée par un olympisme à deux vitesses : les sportifs stars d'un côté, et les autres, pas du tout logés à la même enseigne. Là, j'estime qu'il y a un détournement fondamental. Un détournement même de l'idée et de l'esprit des Jeux olympiques. Est-ce ça, l'idéal olympique ? L'idéal olympique, c'est de rassembler les sportifs. Que les gymnastes déjeunent en compagnie d'autres athlètes, que les judokas rencontrent des nageurs internationaux. Et surtout, ne venons pas invoquer des raisons de sécurité pour justifier ce deux poids, deux mesures ! La sécurité est plus assurée au village olympique que nulle part ailleurs.

Je n'ai rien contre M'Bappé, mais il me semble qu'il n'a rien à faire aux JO. On peut aligner tous les arguments du monde, le football n'est pas un sport olympique, pas plus que le basket, ou que le tennis, que j'adore. Rafael Nadal a été médaille d'or aux Jeux de Rio en 2016. Que représente une telle distinction dans la carrière de ce tennisman ? Presque rien. D'ailleurs, lors du tournoi olympique de Londres en 2012, bien des tennismen avaient souscrit des clauses de retrait pour pouvoir se rendre à un autre tournoi de l'ATP qui se déroulait aux Pays-Bas ; ainsi, en cas d'élimination tôt dans la semaine, ils pouvaient quitter aussitôt les JO pour aller disputer un tournoi ailleurs. Est-ce bien cela, la fête olympique ? Ce n'est pas ma conception. Coupables sont ceux qui ont fait entrer ces sports aux JO, très coupables…

Quand le boycott a la cote

Rappelez-vous, Montréal 1976. Une trentaine de nations africaines refusent de participer. Elles dénoncent la présence d'athlètes néo-zélandais, coupables, selon eux, de légitimer le régime d'apartheid en Afrique du Sud. Il est certain qu'un boycott des pays africains, à l'époque, n'avait pas la portée d'un boycott des États-Unis ou de l'Union soviétique. Et si l'on fut désolé dans les chaumières québécoises, ça ne brisa pas du tout la magie des Jeux. Mais le boycott était né, et avec lui un concept qui allait polluer les olympiades de 1976 à 1984. « Le sport est désormais dépendant du cadre politique dans lequel il se déroule », comme le disait Maurice Herzog, membre français du CIO. Je me dois de clamer haut et fort que je trouve tous les boycotts honteux, absolument désolants. Pourquoi serait-ce aux athlètes de faire les frais des tensions internationales et des désaccords politiques ? Jamais,

jamais, on ne trouvera en moi un partisan du boycott sportif.

Le boycott le plus massif a lieu à Moscou en 1980, où le retrait des grandes nations, notamment les États-Unis, la RFA, le Japon, le Canada et la Chine, jette une ombre sur les épreuves. Plus qu'une ombre, c'est même un rideau de fer qui s'abat dans la foulée de l'invasion des troupes soviétiques quelques mois plus tôt sur le sol afghan. Dans ce climat géopolitique glacé, la France n'avait pas dit non à ces Jeux olympiques, refusant toutefois de participer à la cérémonie d'ouverture, les athlètes étant alors restés au village olympique. À l'époque, si nous ne sommes plus au pic de la guerre froide, nous y sommes encore, et une sorte de haine règne entre l'URSS et les États-Unis. Dans ce règlement de comptes politique, les grands perdants sont à nouveau les athlètes, eux qui font la légende olympique au prix de sacrifices souvent immenses. Et compte tenu des absences de bon nombre des pays phares de l'olympisme, la valeur des compétitions sera discutée, même si trente-six records du monde ont été battus à cette occasion. Cette désertion de certaines nations aboutit à ce consternant et paradoxal résultat : les emblèmes et les hymnes seront aux Jeux de Moscou, pour l'essentiel, ceux des pays socialistes… La RDA et l'URSS, ces deux géants, dominent effectivement l'ensemble des olympiades : sur 631 médailles distribuées, l'URSS en remporte 195 dont 80 en or et la RDA, 126. Ces deux pays récoltent ainsi plus de 50 % des titres olympiques… « À vaincre sans péril, on triomphe sans gloire », telle pourrait être la maxime de ces Jeux du boycott… S'il se trouve quand même une image à retenir de ces JO de Moscou, c'est la mascotte, un mignon petit ours baptisé « Michka », la première mascotte d'événement sportif à connaître un grand succès commercial. L'ours est un animal familier de la Russie et on le retrouve dans de nombreux contes. Lors de la cérémonie de clôture, je me souviendrai toujours de ce petit ours éteignant la flamme olympique et de la larme qui coulait sur sa joue. Il s'agissait en fait de figurants dans un costume, il fallait y penser ! Et quand je contemplais les larmes de Michka, je ne pouvais m'empêcher de penser qu'il pleurait l'absence de tous ces athlètes qui auraient tant mérité d'être présents…

Des nageuses est-allemandes à Ben Johnson

Difficile d'évoquer les faces sombres des JO sans parler du dopage. Les athlètes ont toujours tenté de gonfler leurs performances par des moyens artificiels. Pendant l'Antiquité, les sportifs sélectionnaient leur viande en fonction de leur discipline : les sauteurs consommaient de la chèvre, les boxeurs, du taureau, et les lutteurs, de la viande de porc. En Amérique du Sud, on mâchait des feuilles de coca, quand, en Chine, les propriétés stimulantes de certains végétaux étaient bien connues, et ce depuis trois mille ans !

Mais voilà, en 1968, le CIO décide d'instituer des contrôles antidopage à Mexico, et des contrôles de féminité effectués par des médecins avant la compétition.

Les mesures antidopage sont toutefois encore minimes huit ans plus tard, à Montréal, en 1976, et les scientifiques est-allemands et russes s'en donnent à cœur joie. Le dopage d'État est le nouveau fléau des Jeux ! À Moscou, en 1980, il est à son comble. Le cas le plus spectaculaire et le plus effrayant est celui de l'Allemagne de l'Est, la nation qui avait érigé le sport en vitrine du socialisme. Pour la DDR, « Deutsche Demokratische Republik », et ses dirigeants, il était impensable de rater cette occasion de se faire connaître et reconnaître. À Moscou, ses athlètes monopolisaient les podiums olympiques et leur hymne national résonnait en boucle ! Aucune discipline ne semble avoir échappé à cette vaste tricherie planifiée au sommet, au détriment de la santé d'athlètes devenus cobayes. Que dire des nageuses est-allemandes à Montréal, qui ont remporté neuf épreuves sur dix en natation au péril de leur vie ? Nous voilà face à un dopage d'État absolument monstrueux. Car si les nageuses trustaient les médailles, c'était certes grâce à leur talent, mais aussi avec l'aide systématique du dopage tous azimuts. Les jeunes femmes étaient gavées d'hormones masculines. Il suffisait d'ailleurs de les entendre pour le savoir, car on peut masquer bien des détails physiques mais la voix, elle, ne trompe pas. Pire encore, le système qui obligeait les femmes à être enceintes, pour profiter du cocktail d'hormones de la grossesse, avant de les faire avorter une fois les compétitions achevées ! La vérité éclatera plus tard avec la confirmation du rôle diabolique joué par les médecins. Les témoignages glaçants sur ces méthodes monstrueuses sont nombreux. Des histoires qui font froid dans le dos…

Selon plusieurs estimations, quelque 10 000 sportifs ont été dopés en RDA, notamment dans les années soixante-dix et quatre-vingt, quand le petit pays de 60 millions d'habitants raflait les médailles. L'esprit sportif à cette époque a été vraiment très abîmé.

Finalement, avec les progrès des tests antidopage, c'est à Séoul qu'explosent deux affaires qui marquent les esprits. D'abord, les performances « stupéfiantes » de Florence Griffith Joyner en athlétisme : avec 10 s 49/100 sur 100 m et 21 s 34/100 sur 200 m, les temps réalisés avaient de quoi laisser perplexe. Pourtant, « Flo-Jo », comme on l'appelait, n'a jamais été contrôlée positive ! Sa transformation physique spectaculaire en l'espace de quelques mois est symptomatique d'une prise massive d'anabolisants et de stéroïdes. Et les doutes ont encore été renforcés par la mort prématurée de « la panthère noire » à l'âge de 38 ans. La Fédération internationale d'athlétisme sera pointée du doigt pour son laxisme en matière de dopage. Tout cela m'attriste surtout pour ces vies sacrifiées au nom de quelques millièmes de seconde…

D'autant que, pour cette athlète, on nage, il me semble, dans un océan d'hypocrisie. De mémoire, ses records sont toujours sur les tablettes aujourd'hui… Soit on valide ces records, qui ne sont pas démentis par des contrôles positifs, soit on met tout à plat et on les annule. S'ils sont encore en lice trente-cinq ans après, on ne va pas les enlever maintenant…

La même année, à Séoul, a lieu la finale du 100 m qui s'annonce explosive. Vous souvenez-vous du contexte ? Entre 1984 et 1988, Lewis et Johnson sont les deux hommes les plus rapides du monde. À chacune de leurs confrontations sur l'épreuve reine du 100 m, ils affolent les chronos et récoltent les médailles. Leur rivalité exacerbée tient en haleine le public autant qu'elle fascine les commentateurs ! Lors des Jeux de Séoul, on s'attend donc à une lutte sans merci entre les deux stars pour obtenir l'or olympique. Mais, sur la piste, rien ne se passe comme prévu… Derrière cette opposition fratricide se cache en réalité un combat déloyal. La course est fantastique : Lewis et Johnson partent ensemble en tête, mais le Canadien, dégageant une puissance inouïe, s'envole irrésistiblement. L'Américain, un peu nerveux et sans doute sidéré par la vitesse de son concurrent, s'accroche comme il peut sans parvenir à le rattraper. Cette fois-là, le monde entier n'a d'yeux que pour le Canadien qui distance Lewis de près d'1,50 m ! Ben Johnson pulvérise le record du monde avec 9 s 79/100. Juste derrière lui, Carl Lewis bat lui aussi le précédent record avec 9 s 92/100. Cette finale est la plus rapide de l'histoire, avec quatre coureurs sous la barre des 10 s ! Johnson entre dans la légende. À cet instant, qui peut imaginer que l'orage va s'abattre sur la star des Jeux ? Des rumeurs enflent dans le village olympique, jusqu'à ce que la foudre frappe, trois jours après la course : l'AFP annonce que Ben Johnson est contrôlé positif aux anabolisants. La nouvelle fait aussitôt le tour de la planète. Johnson est déclassé par le CIO et Lewis récupère l'or. Le troisième, Linford Christie, est lui aussi contrôlé positif dans un premier temps, puis mystérieusement blanchi. Je me souviens que les contrôles de l'époque étaient encore sommaires, et si un produit masquant était pris dans un certain délai, le dopage demeurait invisible. C'est comme ça que Johnson est tombé, l'athlète s'est trompé dans les délais. S'il n'avait pas fait cette erreur, peut-être serait-il aujourd'hui considéré comme l'un des plus grands champions du monde… D'autant que, si le dopage aide, cela ne fait pas tout ! Comme le veut l'expression : « On ne fera jamais avancer un cheval de labour comme un cheval de course » ! On ne saura jamais – et lui non plus surtout – si Ben Johnson, « à la régulière », aurait pu battre Carl Lewis sur ce 100 m olympique, sans doute pas avec 9 s 79/100, mais avec 9 s 91/100, il gagnait quand même. Quel gâchis !

La suite est sinistre et illustre la puissance absolument inimaginable que peuvent avoir les médias. La déchéance commence. Tous les contrats de Johnson sont rompus brutalement. De retour chez lui, il commence par clamer son innocence puis finit par avouer son geste, confessant que la peur d'échouer à Séoul était trop forte. Son entraîneur, Charlie Francis, explique pour sa part dans un livre confession que son athlète se dopait depuis 1981. Johnson, devenu un paria dans le monde entier, est suivi dans l'aéroport par une cohorte de journalistes et de photographes. Je l'ai déjà dit, je ne me sens pas toujours le confrère de ces gens-là, qui sont souvent des hyènes, des croque-morts, des vautours. Enfin, ces charognards avaient trouvé leur proie et, à travers eux, le monde entier est tombé sur Johnson.

Les médias nord-américains portent une très lourde responsabilité dans cette affaire. Ces médias sont là pour épier ce qui ne va pas. En France, nous ne sommes pas toujours des agneaux, mais nous n'avons pas cette mentalité. Il faut savoir que les audiences à la télévision américaine sont construites autour de leurs athlètes. Avec une histoire comme celle de Ben Johnson, évidemment le public adhère, c'est malheureux, mais c'est comme ça…

Pour ma part, je n'ai pas rencontré Johnson à cette édition, mais plus tard. Je me souviens d'un homme extraordinairement timide, qui souffrait d'une difficulté d'élocution, il était bègue. Personne ne mérite de vivre ce qu'il a vécu. Certes, il s'est dopé. Mais Linford Christie, qui allait tomber un peu plus tard, n'a pas subi un tel opprobre ; ni Daley Thompson, le décathlonien britannique. Et les exemples sont nombreux… À travers ce scandale, Ben Johnson a-t-il servi d'exemple pour le CIO ? En couvrant par ailleurs d'autres athlètes qui avaient eux aussi recours au dopage ? En tout cas, on a préféré dénoncer un scandale individuel plutôt qu'un système collectif.

L'histoire aurait pu s'arrêter là. Mais, deux ans plus tard, Ben Johnson tente un retour, soldé par un nouveau contrôle positif. Cette fois, je considère qu'il n'a pas d'excuse. Ben Johnson déclare alors aux caméras :

– Les gens qui viennent au stade se foutent de savoir si nous sommes dopés ou pas. Ce qu'ils veulent, c'est que nous allions le plus vite possible. Ceux qui prétendent le contraire sont des hypocrites.

Alors là, je ne peux pas être d'accord avec lui ! J'en veux pour preuve qu'au championnat du monde à Paris en 2003, il n'y avait pas un coureur en moins de 10 s à la finale du 100 m, pourtant le stade était plein. Par ailleurs, difficile pour un spectateur de distinguer la différence entre un 9,80 et un 9,90 !

Alors peut-on séparer le dopage de tout l'encensement qui existe autour de champions hypermédiatisés ? Être fort sur la piste et l'être d'un point de vue psychologique sont deux choses différentes. Certains peuvent avoir du mal à résister au chant du dopage. Pourtant, on peut faire une belle carrière en le refusant. Et il existe quand même, Dieu merci, des exemples. J'en ai souvent parlé avec Stéphane Diagana, qui est notre remarquable consultant en athlétisme. Il m'a confié avoir bien souvent été approché par des apprentis sorciers qui lui proposaient des recettes miraculeuses, mais qu'il n'avait jamais donné suite. Or, c'est une carrière, Stéphane Diagana, champion d'Europe, champion du monde, quatrième aux JO…

Pour finir sur le dopage, je pense évidemment que la lutte antidopage est salutaire. Toutefois, ce qui me gêne, c'est que l'on accuse une seule personne de tous les maux, que cette dernière paye pour tous les autres. Par exemple, le nom de Marion Jones évoque aujourd'hui l'une des plus grandes affaires de dopage. Chez les hommes, on a pris C.J. Hunter ou Ben Johnson, on a cherché des poux sur la tête du décathlonien anglais Daley Thompson ou du sprinteur Linford Christie. Mais ceux auxquels on cherche des noises sont de toute manière bien peu nombreux par rapport à ceux qui sont sans doute sous l'influence du dopage. Alors, pourquoi ce côté « deux poids, deux mesures » ?

La France et sa réputation

Autre sujet dans les coulisses des JO, les réclamations ! Tout commence à Londres, en 1908, avec l'arrivée rocambolesque de Dorando Pietri. Au terme du marathon, lorsque l'Italien pénètre dans le stade, il semble dans un état de transe et se dirige dans la mauvaise direction, comme dans un film de Chaplin. Il titube, tombe, se relève cinq fois de suite. Il existe des images de cette scène, et même un film où on le voit flancher sur les derniers mètres, et être soutenu par quelques officiels qui l'aident tout simplement à tenir debout. Finalement, il franchit la ligne d'arrivée dans un état pitoyable, puis est évacué sur un brancard. L'équipe américaine porte réclamation et Pietri est disqualifié : ce sera le début des fameuses réclamations « sur tapis vert ». Cette expression, bien connue dans le monde du sport, définit tous les résultats entérinés par décision administrative ou judiciaire. En somme, tout ce qui se joue à la table des réclamations. L'athlète américain, arrivé bien longtemps après lui, sera déclaré vainqueur, une décision extrêmement controversée. Cette histoire révèle une certaine cruauté qui se retrouvera, hélas ! dans bien d'autres circonstances car, depuis ce jour, pas une seule édition des JO sans protestation ou réclamation.

Parmi les États spécialistes des procès et autres réclamations « sur tapis vert », la France est en tête. Nous nous sommes construit une réputation absolument épouvantable au sein des instances de sports. Réputation qui s'est installée en 1948, à Londres, pendant le concours d'équitation par équipe. La Suède remporte le titre devant la France, qui porte réclamation parce que l'un des Suédois n'était pas officier, mais sous-officier ! À l'époque, l'équitation était militaire, et il fallait absolument être officier pour participer. Et nous avons obtenu gain de cause pour faire disqualifier les Suédois. Ce n'est absolument pas fair-play et d'une mesquinerie absolue ! Bien plus récemment, aux Jeux d'Athènes 2004, la France porte réclamation dans le même concours par équipe. Comme c'est l'usage, le cheval allemand s'avance pour humer le terrain. Pour ce faire, il dépasse la ligne blanche d'un mètre, puis revient. La France conteste une fois de plus et fait disqualifier l'Allemagne ! Il est vrai que le règlement stipule que c'est interdit. Mais sans réclamation, pas de disqualification… L'équitation n'est d'ailleurs pas la seule discipline touchée par ces réclamations : de nombreuses polémiques en relais d'athlétisme sont nées d'une pareille mauvaise foi. J'en parle souvent à mes confrères installés près de moi en zone mixte, qui me déclarent avec un sourire qui en dit long : « *France again, France again…* » En somme, le verdict est tombé, mais attendons ce qu'en dira la France !

Depuis que je fréquente les terrains de sport, je suis souvent le témoin de ce que l'on peut concevoir comme une certaine « arrogance française », qui, je pense, dépasse le cadre du sport. Sur la scène internationale, la France est admirée, peut-être même enviée pour sa culture, son histoire, ses écrivains, ses peintres, ses musiciens, sa gastronomie, son « art de vivre », son architecture, ses châteaux, son théâtre… mais lorsque j'écoute mes confrères étrangers que je côtoie depuis presque trente ans, je suis contraint de constater ce préjugé défavorable au sujet de notre peuple. Lors de la campagne de candidature pour les Jeux de 2008, Paris avait choisi comme l'un de ses slogans : « Paris n'a pas besoin des Jeux, mais les Jeux ont besoin de Paris. » À travers ce slogan, tout est dit ! Pourtant, cette idée est profondément injuste pour des millions de Français.

Alors je m'attache en tant que journaliste et, d'une certaine façon, ambassadeur de mon pays à redorer le blason de la France. Ce qui passe par une manière de s'habiller, de saluer les autres, le comportement, l'éducation, etc.

– 15 –

Mes JO : Tokyo 2020, des Jeux sacrifiés

Tokyo. En voilà, une édition particulière, initialement planifiée du 24 juillet au 9 août 2020. Que de rebondissements avant la décision finale d'un huis clos à l'été 2021 ! Lors de la nomination, seules trois villes étaient en lice pour accueillir les Jeux : Istanbul, Tokyo et Madrid, soit le plus faible nombre de candidats depuis les Jeux olympiques d'été de 1988... En cause, des raisons financières : les frais de candidature très élevés et qui ne sont pas remboursés en cas de défaite. Pour la sélection du pays d'accueil, il n'existe pas de médaille d'argent et encore moins de bronze. L'argent investi par les villes éliminées est perdu pour de bon. Si c'est raté, c'est raté.

Pour ma part, j'étais ravi de me rendre à nouveau au Japon, une terre olympique depuis les Jeux d'été de 1964. J'adore la ville de Tokyo, que j'ai eu la chance d'arpenter de nombreuses fois : c'est une capitale à la fois propre, sûre, sportive et fair-play. C'est extraordinaire de voir une telle densité de population organisée d'une manière si parfaite ! Les métros et les trains partent avec une ponctualité irréprochable ; les gens font preuve d'une politesse, d'une délicatesse, d'un raffinement délicieux. Le civisme et l'ordre règnent en toute occasion. Et pour parachever cette impression d'harmonie, en dehors des parcours aéroport/centre-ville, je n'ai jamais eu à déplorer d'embouteillage à Tokyo.

Ainsi, la capitale nipponne est une machine bien huilée, et pourtant… En 2020 rien ne se passera comme prévu ! Courant mars, la pandémie de Covid-19 prend une envergure mondiale et bouleverse jusqu'à la planification des Jeux olympiques. Alors que tour à tour des fédérations nationales et des comités nationaux olympiques annoncent leur intention de ne pas envoyer leurs athlètes à Tokyo aux dates prévues, le Japon prend les devants le 24 mars et demande au CIO l'autorisation de reporter la manifestation en 2021. Permission accordée dans la foulée. Finalement, ce satané virus aura la peau de presque tous les événements sportifs et culturels de la planète en 2020… En cent vingt-quatre ans d'histoire des Jeux olympiques modernes, ce rendez-vous avait certes déjà été annulé à cause des guerres mondiales, mais jamais pour crise sanitaire planétaire. La série des exceptions ne fait que commencer : pour la première fois, les Jeux se dérouleront une année impaire et sortiront ainsi du calendrier quadriennal. Autre couac à cette machinerie bien rodée : le relais de la flamme, qui avait été allumée de manière traditionnelle à Athènes, a été interrompu en mars 2020 à cause de la trop grande affluence et des risques de contamination au coronavirus. Un an plus tard, le relais sera repris dans la plus grande intimité.

Pour les athlètes, repousser les Jeux d'un an est une épreuve en soi : se maintenir à son plus haut niveau dans des conditions d'entraînement souvent rendues difficiles par les multiples confinements ou la fermeture des lieux de pratiques sportives relève de l'exploit. Toute la préparation des sportifs sélectionnés aux Jeux est tendue vers cet objectif. Elle suit un calendrier précis, avec pour le compétiteur un point de forme programmé pour le jour J. Décaler les épreuves remet intégralement en cause cette préparation. Sans compter que les années jouent souvent en la défaveur des sportifs les plus âgés : pour certains, ce report sonne le glas d'une carrière performante. Prenons l'exemple de Manaudou qui aura bientôt 31 ans ; il m'aurait semblé d'une immense cruauté qu'il ne puisse pas participer à cette édition qui serait peut-être sa dernière. Mais il a tenu bon, avec les résultats que l'on connaît.

Enfin, on aurait pu malgré tout espérer que ces Jeux seraient comme la lumière au bout de ce tunnel, l'occasion de manifester dans la joie la sortie de cette crise sanitaire. Malheureusement, même cet espoir s'est dissous au fil des mois, jusqu'au 8 juillet, jour où fut officiellement annoncé que les JO se tiendraient à huis clos. Avez-vous déjà connu la situation baroque d'un pays ayant honte d'organiser ses propres Jeux olympiques ? Invraisemblable, n'est-ce pas ? Pour les dirigeants du pays, les enjeux sont énormes : comment concilier l'ire des Japonais à la suite du maintien des Jeux en dépit des risques encourus pour eux, et l'énorme machinerie et les enjeux financiers d'un tel événement ? Au moment où j'atterris dans cette ville que j'adore, c'est un sentiment très contrasté qui m'envahit. Pas une seule affiche à Tokyo pour annoncer la tenue des Jeux ! Très peu de monde en ville et encore moins dans les immenses stades prévus pour recevoir les différentes épreuves. Pas UN spectateur présent, pas un seul ! Tout ceci pour se prévenir, de manière ô combien illusoire, contre une vague de Covid ayant touché 15 000 personnes sur 130 millions d'habitants. Tranquille, très tranquille donc, je me dirige vers les stades où je serai amené à commenter devant une foule invisible…

La cérémonie d'ouverture laisse tout le monde sur sa faim. Lors de ce « spectacle » peu abouti, je déplore que rien du Japon ancien n'apparaisse. Au lieu d'admirer la culture merveilleuse et les traditions millénaires du pays, on nous donne à voir des sportifs qui s'exercent sur home-trainer dans une ambiance de tambours à casser les oreilles. Et j'en passe ! Rien pour nous faire oublier l'interminable défilé des athlètes, qui pour la plupart brandissent leurs portables tels des trophées. Ne pourrait-on pas, comme la délégation japonaise, laisser ce maudit instrument au vestiaire pour une occasion comme celle-ci ? Pour couronner cette entrée en matière plutôt ratée, la stupéfaction est générale quand apparaît la dernière porteuse de flamme, la tenniswoman Naomi Osaka… Personnellement, j'en suis resté sans voix. Trois caractéristiques pour la décrire : cette tenniswoman ne parle quasiment pas le japonais, elle est particulièrement boudeuse mais, surtout, c'est la sportive la mieux payée au monde ! Excellent choix pour symboliser l'olympisme… Visiblement très concernée par l'enjeu, elle s'inclinera sans gloire contre une inconnue dès le premier tour du tournoi et voguera vers d'autres opens et sans doute d'autres sponsors. Bref, même avec ce pesant huis clos, il était grand temps que les Jeux débutent !

Des exploits qui réchauffent l'ambiance

Lors de la première semaine, les exploits tricolores sur les pistes et tatamis sont tout simplement sidérants ! Pas une seule journée sans médaille ! Pour en avoir été le témoin, je constate que la salle d'armes, déjà sombre en temps normal, sonne véritablement creux en l'absence de spectateurs… Mais la délégation française ne tarde pas à réchauffer cette atmosphère lugubre. Car toute restriction a ses failles. Nichés dans un trou de souris, les coachs, suiveurs et autres accompagnateurs badgés donnent de la voix jusqu'à en devenir sourds ! À moins que ce ne soient les décibels envoyés par les organisateurs entre les rencontres qui ont eu raison de leurs oreilles. Rien n'arrête les samouraïs français qui captivent leurs compatriotes téléspectateurs noctambules en inscrivant de très belles pages à ce sport qui en compte déjà tant. Parmi ces victoires, le jeune Romain Cannone crée la surprise en décrochant une médaille d'or que même lui n'attendait pas. C'est bien simple, l'épéiste était peu connu même auprès des amateurs ! Un mois avant le début de la compétition, Cannone faisait encore figure de remplaçant, il ne devait même pas participer à l'épreuve individuelle. Parfois comparé à un lutin à cause de son gabarit et de son agilité, il est appelé « Pano » par ses pairs, surnom qu'il tient de Peter Pan. On l'imagine bien virevoltant autour d'un capitaine Crochet ! La victoire du jeune homme, 15 touches à 10 contre le numéro 1 mondial, le Hongrois Gergely Siklósi, est proprement éblouissante.

Sa victoire a libéré les escrimeurs français qui remporteront cinq médailles. En montrant que tout est toujours possible, Cannone a joué, j'en suis sûr, le rôle de locomotive pour les tireurs de la délégation tricolore.

Autre combat, autre sport, le judo français et sa fantastique moisson de médailles. Peut-on parler de domination du clan tricolore, ici, au pays du judo ? Presque… Et ce n'est pas rien, car il faut garder en tête que si l'épreuve reine des Jeux est le 100 m en athlétisme aux yeux du public et des télés du reste du monde, les Japonais vouent un culte au judo. Pour eux, le moment le plus attendu de la quinzaine était peut-être la finale des plus de 100 kilos, où l'on espérait voir s'affronter un Japonais et le double champion olympique français, Teddy Riner ! Il plane au-dessus du dojo comme un air de revanche, car les Japonais n'ont pas oublié l'année 1964, quand le géant hollandais Anton Geesink avait causé un traumatisme dans tout l'archipel en terrassant en finale l'idole japonaise de l'époque, Akio Kaminaga… Pour faire plaisir au public japonais, du moins le croyait-on, le judo avait été admis pour la première fois à Tokyo lors de ces Jeux. Le colosse hollandais, Anton Geesink, mesurait 1,98 m et pesait 125 kilos. Quelle puissance ! De mémoire, Kaminaga n'était pas très grand, mais il demeurait invaincu et partait grand favori. Sa défaite a retenti comme un grand coup de tonnerre sur tout le Japon. En Hollande, en revanche, ce fut une joie immense ; Geesink fut décoré par la reine et de nombreuses rues portent son nom aux Pays-Bas. Il s'est éteint en 2010 à Utrecht, sa ville natale, après avoir été membre du CIO. Ce combat est raconté dans le détail dans le plus beau film qui ait jamais été tourné sur les Jeux olympiques, *Tokyo Olympiades*. J'ai eu le plaisir de revoir ce film merveilleux du réalisateur nippon Kon Ichikawa dans l'avion qui me ramenait des Jeux, et je suis resté comme chaque fois ébloui par son esthétique.

Pour en revenir à 2021, rien ne se passe comme on l'attendait en judo : Riner s'incline devant le Russe Tamerlan Bashaev, puis se rattrape au repêchage et obtient tout de même la médaille de bronze contre le candidat japonais Hisayoshi Harasawa. Si cette petite victoire n'a sans doute pas suffi à satisfaire les ambitions de Teddy Riner, un autre combat lui apportera une merveilleuse consolation. Pour la première fois aux JO, hommes et femmes font équipe et défendent côte à côte leur nation. Le Japon était bien sûr pressenti pour remporter cette épreuve, mais non ! Les judokas tricolores se payent même le luxe de battre le pays hôte dans cette première finale par équipe mixte de l'histoire ! L'équipe de France exulte et laisse éclater sa joie sur les tatamis qu'elle aura du mal à quitter ce jour-là. Teddy Riner pourra ainsi rentrer des Jeux avec une médaille d'or. Le lendemain de sa défaite dans l'épreuve individuelle, *L'Équipe* titre un article à son sujet « Soleil couchant », un jeu de mots bien trouvé pour des Jeux japonais, pays que l'on surnomme comme chacun le sait « le pays du Soleil-Levant ». Or le lendemain, Teddy Riner est médaillé de bronze, et trois jours après, il obtient l'or par équipe. Cela prouve qu'il ne faut jamais trop se précipiter pour clamer la victoire ou la défaite d'un sportif…

Mais l'arbre des médailles – surtout d'argent – de cette première semaine ne suffit pas à cacher la forêt de déceptions pour les Bleus dans les deux sports rois que sont la natation et l'athlétisme... Seulement deux médailles d'argent pour les tricolores ! Quelques places de finalistes, c'est-à-dire dans les huit premiers, ne suffisent pas à masquer le néant. Nous sommes bien loin du triomphe de Londres 2012 ! Certes, les deux médailles remportées par la France sont magnifiques. L'argent au 50 m nage libre, juste derrière l'inaccessible Dressel (États-Unis), est une vraie satisfaction pour Manaudou. Le nageur aura su trouver la motivation nécessaire, en dépit de ce report et de cette année supplémentaire d'entraînement pour décrocher un nouveau titre de vice-champion olympique.

L'autre médaille d'argent revient au jeune Kevin Mayer, dauphin de Warner (Canada) en décathlon. Je l'ai reçu à mon micro à quatre reprises au cours des deux jours d'épreuves, dont une fois à mi-parcours, alors qu'il était complètement dévasté par ses contre-performances.

– Je m'entraîne depuis des années pour ça et, franchement, avoir le dos bloqué le jour des JO, c'est vraiment dur... Je peux promettre une chose, c'est que je vais tout donner jusqu'au bout...

– C'est une douleur latente ou c'est une douleur qui s'est réveillée ce matin ?

– Non, je me suis bloqué le dos en arrivant au Japon, je ne sais pas pourquoi, ça ne m'était pas arrivé depuis trois ans, m'explique-t-il, des larmes plein les yeux.

– Mais Kevin, est-ce que cette blessure vous handicape davantage pour certaines épreuves que pour d'autres ?

– Le pire, c'était le poids. À moi d'envoyer du lourd dans les autres épreuves pour rattraper mon retard. Je connais mon potentiel, j'ai les jambes qu'il faut, le haut qu'il faut. Simplement j'ai des éclairs dans le bas du dos. Mais tant que je pourrais marcher, je pourrais courir, donc je peux vous promettre que même si je ne prends pas de plaisir, même si le rendez-vous de ma vie est totalement gâché, je vais tout donner.

Quel champion ! Qui mieux que ce jeune décathlonien pourrait incarner l'athlète dans toute sa splendeur ? Un corps et un mental au service de la performance sportive. Rien ne semble pouvoir entamer sa détermination à vaincre, surpasser les autres mais surtout se surpasser soi-même ! Par le passé déjà, il a su puiser dans ses ressources pour revenir au plus haut niveau malgré des blessures. Cette fois, son moral semble au plus bas, mais déjà sa volonté de terminer son décathlon est palpable et le porte.

Kevin a eu la gentillesse de dire à la presse que je l'avais consolé dans un moment de faiblesse, et je dois dire que c'est une vraie satisfaction de savoir que je suis parvenu à tenir ce rôle auprès d'un sportif. À défaut d'être en capacité de soigner les blessures physiques, je parviens parfois à apaiser certaines blessures morales, à apporter du réconfort. C'est d'autant plus important, ici à Tokyo, que les compétiteurs sont seuls, sans leur famille, leurs amis, les supporters pour les soutenir. Même s'ils n'ignorent pas qu'au pays on vibre à leur côté. Les coachs et entraîneurs donnent certes de la voix dans les gradins déserts, mais l'absence des proches est un obstacle de plus à surmonter.

Alors bien sûr, Kevin Mayer est allé « chercher » seul cette médaille d'argent, « une médaille d'argent qui vaut de l'or », comme confiait si joliment sa maman. Mais j'ai la sensation d'avoir un peu contribué à son regain de moral en l'encourageant à continuer. Autant dire que j'ai partagé la joie du jeune athlète lors de sa victoire…

Dans le stade olympique de Tokyo, 70 000 places désespérément vides contemplent les performances extraordinaires de certains athlètes. Au premier rang, le record du monde du 400 m haies battu par le Norvégien Karsten Warholm, dans le temps stratosphérique de 45 s 94/100. Un chrono qui le situe quasiment dans la hiérarchie mondiale du 400 m… sans haies !

En saut en hauteur, on s'émeut devant une belle histoire d'amitié, quand deux rivaux décident de partager la médaille d'or. Le Qatari Mutaz Barshim et son ami de longue date, l'Italien Gianmarco Tamberi, ont obtenu les deux premières places au nombre d'essais à 2,37 m. Comment les départager ? Un organisateur leur a présenté les deux options possibles : concourir dans une minifinale pour désigner un vainqueur, ou se partager la première marche du podium. Les deux athlètes ont échangé un regard, et sont tombés dans les bras l'un de l'autre. J'ai assisté à la scène, je me trouvais à une trentaine de mètres d'eux. Je crois que tout est venu du Qatari, car j'avais l'impression qu'il aurait pu aller encore plus haut, à l'inverse de son ami qui semblait atteindre sa limite. Quel beau geste ! La victoire doit avoir un goût encore plus savoureux quand elle est partagée.

Ce ne sont pas les cavaliers français du concours complet qui me contrediront. Relégués à la neuvième place avant la dernière épreuve du concours, ils font un parcours sans faute au cross et empochent une bien belle médaille de bronze. Quelle joie devant nos caméras !

Grosse déception en revanche pour l'équipe de France d'équitation au concours du saut d'obstacles, pourtant bien partie pour conserver la médaille d'or acquise à Rio. En équitation peut-être plus encore que dans n'importe quel autre sport, rien n'est jamais couru d'avance, d'autant qu'on court à deux, cheval et cavalier. Le meilleur élément de l'équipe, Pénélope Leprévost, passera la dernière, après les deux parcours sans faute de ses coéquipiers. À ce stade, les Bleus sont en tête du classement. La cavalière entre dans la carrière et entame un superbe début de parcours, lorsque soudain, à trois obstacles de l'arrivée, elle fait tomber une barre. Son élan coupé, le cheval refuse l'obstacle suivant à deux reprises. Est-ce la faute de la cavalière ou de sa monture ? Question éternelle en équitation… Ils forment un couple indissociable dans les victoires comme dans les défaites.

À quand d'ailleurs une médaille pour les chevaux ? Toujours est-il que cette faute a précipité toute l'équipe de France en huitième position. Quel dommage !

Les JO sont des montagnes russes émotionnelles sans pareilles. Et cette année, particulièrement, les spectateurs du fameux « BHV », à savoir basket, handball, volley-ball, seront servis sur un plateau, avec des revirements de dernière minute, des matchs remportés d'un tout petit panier… Lorsque l'on apprend que la France est qualifiée dans tous les sports collectifs pour les phases finales, c'est un feu d'artifice. L'enthousiasme des commentateurs dans les retransmissions télévisées réussit même à faire oublier les tribunes vides ! Toutefois, pour moi, une médaille d'or en handball pour laquelle une petite dizaine de pays au maximum s'affrontent, ce n'est pas exactement la même chose qu'une course disputée par près de 200 nations… Ce qui n'empêche pas un dernier week-end de feu qui amène la France à 33 médailles (contre 42 à Rio) et à un nombre record de quatrièmes places, notre spécialité !

Que me restera-t-il de ces JO de Tokyo ? Quand j'y pense, je suis pris d'un sentiment bizarre. Que la plus grande manifestation sportive du monde se déroule devant des tribunes obstinément vides, même à l'extérieur, me dépasse véritablement. Que l'on oblige les athlètes médaillés à porter un masque sur le podium pour le plus beau moment de leur carrière est une aberration, surtout lorsqu'on les voit ôter ce masque quelques minutes plus tard pour être photographiés…

Par ailleurs, d'après ce que je connais du Japon, j'avancerais que le printemps et l'automne sont les deux saisons où les températures sont les plus clémentes. D'ailleurs, les JO de 1964 s'étaient déroulés en octobre pour éviter la chaleur pesante de l'été. Pourquoi ne pas avoir repoussé en octobre les Jeux de cette année ? Selon des médias américains, la NBC, principal diffuseur et sponsor de l'événement, ne souhaitait pas que les dates coïncident avec le calendrier sportif américain… Encore un bel exemple de la toute-puissance de cette chaîne qui s'étend jusqu'à influencer le calendrier des Jeux !

D'un autre côté, comment passer sous silence la constante gentillesse du peuple japonais et l'extraordinaire bienveillance des milliers de bénévoles cherchant à adoucir la pesanteur ambiante ? Comment oublier ces moments de grâce aussi, et le chapelet d'anecdotes qui cette fois encore a entouré les Jeux ? Je me souviendrai longtemps de la participation inattendue de millions de cigales venues de leur chant hypnotique remplir le silence des courts de tennis… et déclencher l'ire d'une joueuse, qui réclame leur expulsion ! Car c'est cela aussi, ces Jeux. C'est ce double sentiment que je retiendrai. Alors, oui, malgré tout : vive Tokyo 2021 ! Non, pardon, 2020 !

Vers Paris 2024

Après tant d'années d'attente dans le souvenir cuisant de notre défaite pour l'édition de 2012, nous y voilà presque : les Jeux d'été des XXXIIIes olympiades se dérouleront à Paris en 2024. Après Londres, Paris devient ainsi la deuxième ville à célébrer les JO d'été pour la troisième fois, cent ans après avoir accueilli la manifestation de 1924.

Les Français n'ont pas tous été enthousiastes au lendemain de l'annonce proclamant Paris, quelque 17 % s'y opposaient selon les sondages, un chiffre que l'on peut imaginer encore plus élevé après la pandémie de Covid-19. Car si nous sommes parfois un peuple de supporters, notre culture n'est pas fondamentalement sportive, contrairement à celle de la Grande-Bretagne par exemple, qui organise pour les écoliers des activités sportives les après-midi, et cela dès 4 ou 5 ans. Pour nous, le défi est beaucoup plus difficile à relever.

Aujourd'hui, « les Jeux sont faits », et l'heure est maintenant à l'organisation de cet événement. Les lieux choisis pour accueillir les épreuves se précisent : le Stade de France, rénové, sera utilisé pour les épreuves d'athlétisme, et devrait être relié par une passerelle au futur centre aquatique. Le football se disputera au Parc des Princes, tandis que le tennis trouvera tout naturellement ses quartiers à Roland-Garros. On sait également que le vélodrome flambant neuf de Saint-Quentin-en-Yvelines accueillera le cyclisme sur piste. Les lieux chargés d'Histoire de la capitale seront aussi à l'honneur : tir à l'arc sur l'esplanade des Invalides, beach-volley sur le Champ-de-Mars, escrime sous la magnifique verrière du Grand Palais ou équitation devant le château de Versailles… Ces décors de rêve promettent d'offrir des images somptueuses ! Aucune certitude encore, juste un bruit qui court… la cérémonie d'ouverture devrait avoir lieu sur la Seine, en plein air. Alors « Paris, plus belle ville du monde » ? C'est à coup sûr ce que l'on retiendra de ces Jeux…

Vous vous demandez peut-être quelles seront les nouveautés pour cette édition française ? Depuis les Jeux de Tokyo 2020, le CIO accepte, sur proposition du Comité d'organisation, certains sports invités pour une seule édition. Espérant surfer sur leur popularité en France, des disciplines comme la pétanque ou le ski nautique ont fait acte de candidature pour avoir leur place aux Jeux de Paris 2024. Finalement ont été retenus l'escalade, le surf, le kitefoil, le skateboard et… la breakdance. Le karaté, discipline invitée à Tokyo, ne figurera pas au programme de Paris… Au grand désarroi de sa fédération, qui espérait que le Comité d'organisation reviendrait sur cette étonnante décision. En réponse à leur réclamation, il a expliqué que le choix se portait sur « des sports qui cartonnent sur les réseaux sociaux »… Quelle drôle de manière de choisir ! Évidemment, il s'agit de « faire jeune ». Mais, dans ce cas, pourquoi ne pas inclure les fléchettes ou la marelle ?

La saga des JO ne finira jamais de nous étonner. Parions que, contre vents et marées, cette histoire continuera. Les cinq anneaux olympiques, si souvent touchés, n'ont jamais coulé. Telle est la force du Mouvement olympique.

Au moment même où le Comité international olympique n'a jamais été aussi riche, où les rentrées des droits de retransmission à la télévision ne cessent de croître, on pourrait s'inquiéter que de moins en moins de villes se portent candidates pour accueillir l'événement. Jugez-en : Paris 2024, Los Angeles 2028, Brisbane 2032 étaient les seules candidates pour leur édition ! Mais « le bruit et la fureur » qui accompagnent le chemin olympique constituent son principal rempart, sa force. Tant de contrats, tant de sponsors, tant de notoriété ! Personne au monde ne pourrait songer à stopper une telle « machine »… J'aimerais cependant pouvoir formuler un vœu : puisse celle-ci revenir à un peu plus d'humanité et de simplicité, sans traitement de faveur pour les sportifs superstars, ni pour les accompagnateurs et autres dirigeants puissants. Ce sont les petites gouttes, dit-on, qui font un océan. Ces mêmes petites gouttes assureront, je crois, l'avenir olympique.

Remerciements

Je tiens à remercier toute l'équipe des éditions Michel Lafon : Margaux Mersié, Marie Barlois, Coline Bérard, Stéphane Catteau et tous ceux que je ne nomme pas mais qui sauront se reconnaître. Et un salut tout particulier à Michel Lafon lui-même, dont l'humanité accompagne tous ses auteurs.

Au fil de mes voyages olympiques, nombreux sont ceux qui m'ont accompagné. Je pense à tous ces champions, dont le regard m'a fait penser que, l'espace d'un instant, j'étais devenu davantage confident que journaliste.

Et puis aussi, et peut être avant tout, une pensée pour mon père qui, le premier, m'a inculqué l'amour du sport dans la pratique et dans son esprit.

Vive les Jeux olympiques !

Table des matières

Cet ouvrage a été composé par
PCA, 44400 Rezé

Imprimé en France par
CPI Brodard & Taupin
en octobre 2021

Dépôt légal : novembre 2021
N° d'impression : 3045286
ISBN : 978-2-7499-4423-4
LAF : 2969